무애(김영숙)

동국대학교 석사
부산대학교 박사 수료
묘봉 큰스님 제자
역서: 『인도인의 논리』(공역, 산지니, 2009)

박종식

부산대학교 철학과 박사
저서 : 『인식론』(부산대 출판문화원, 2021)
역서 : 『칸트 해석 - 이원론의 문제』(공역, 부산대 출판문화원, 2010), 『대화 윤리를 향하여 - 칸트와 하버마스의 윤리학 비판』(공역, 한울아카데미, 2009), 『상호문화 철학의 논리와 실천』(공역, 시와진실, 2010)

안호영

부산대학교 물리학 박사
부산대학교 철학 박사
동국대학교 WISE캠퍼스 교수
저서 : 『사회생물학, 인간의 본성을 말하다』(공저, 산지니, 2008), 『마음학 - 과학적 설명 + 철학적 성찰』(공저, 백산서당, 2010), 『글쓰기 2』(공저, 동국대출판부, 2012)
역서 : 『칸트 해석 - 이원론의 문제』(공역, 부산대 출판문화원, 2010), 『인도인의 논리』(공역, 산지니, 2009)

선禪으로 읽는 도덕경道德經

무애·박종식·안호영 엮음

선禪으로 읽는 도덕경道德經

들어가는 말

 지금까지 노자『도덕경』은 주로 정치 사회적 의미로 많이 해석되었다. 그러나 도덕경은 단순히 유가儒家를 비판하면서 무위無爲와 소국과민小國寡民의 정치를 강조하는 저작이 아니라, 인간 본성에 대한 통찰을 강조하는 저작으로 읽혀야 한다. 인간의 성품에 대한 선禪불교의 관점으로 바라볼 때 노자 도덕경의 깊은 의미를 발견할 수 있다. 따라서 노자 도덕경을 정치 사회적 저작으로 해석하기보다는 자신의 본성을 관조하는 선불교적 관점에서 해석하고자 하는 것이 이 책의 목적이다. 고전은 낡지 않는다. 고전에는 인간 심성을 돌이키는 힘이 있고, 심성은 예나 지금이나 변함이 없어 도리어 새롭다고 한다. 지금에 와서도 도덕경의 인기가 여전한 이유이기도 하다.

 도道와 덕德이란 무엇인가? 도란 생명이며 자연이다. 인간은 자연 그 자체다. 덕이란 도에 어긋남이 없이 행하는 것이며 자연의 이치에 벗어나지 않는 것이다. 아름다운 경관을 보고 자신을 잃을까 걱정하는 것이 덕이다. 보고 있는 놈이 기기묘묘하여 도와 덕이 함께 한다. 노자는 도와 덕이 우리가 평소 인지하고 있는 도덕과는 다름을 '道可道非常道 名可名非常名도가도비상도 명가명비상명'이라는 구절을 통해 드러낸다. 문자로는 도를 알지 못한다는 것이다.

무위자연은 의도하는 것이 없으면서, 꽃 피고, 새 울고, 비 오고, 바람 부는 것처럼 스스로 생성하지 않는 것이 없다. 인간의 성품도 이와 같다. 태고의 이러한 소박한 본성을 관조하게 되면 유위의 욕망들이 사라지게 된다. 따라서 소박한 본성을 어린아이, 가공하지 않는 통나무에 비유한다. 인간의 성품은 본래 무위자연과 같지만, 아는 것이 많아질수록 탐욕으로 성내고 어리석게 된다. 그러므로 무위자연으로 인간은 도와 덕을 저절로 체득한다. 나 자신의 본래 타고나는 성품을 보는 것이 도와 덕이며, 선의 이치이다.

우리의 성품은 어떻게 작용하는가? 어떻게 스스로 자신의 성품을 관조할 수 있는가? 자신의 마음 작용을 모르면 어떻게 사는지도 모르고 살아간다. 자기가 일으키는 생각이 습관이 되고, 이 습관과 행동을 자각하지 못하면 모든 것을 남 탓으로 돌리면서 평생 남들을 원망하면서 살아간다. 그러나 모든 것은 자신으로부터 비롯된 것이며, 이러한 자신의 마음을 돌아볼 때 비로소 만물의 시작과 도의 근원을 알게 되는 것이다. 도는 태어날 때부터 누구나 가지고 있는 보배이다. 이 보배를 스스로 발견하도록 하는 것이 도덕경의 요지이다.

도를 형이상학적으로, 정치적으로 해석하는 것은 노자가 강조한 도의 본모습을 일면화하는 것이다. 인간은 천지를 본받고 천지는 도를 본받고 도는 자연을 본받는다는 것은 인간과 천지자연과 도가 하나로 연결되어 있음을 알게 한다. 이처럼 모든 것의 근원은 자신의 마음이며 이것을 아는 것이 도이며 무위이며 자연이라는 것을 알려주는 것이 노자 도덕경이다.

노자의 도덕은 무위자연에서 시작된다. 우리는 무위자연이라는 말을 음미해 볼 필요가 있다. 선禪으로 볼 때 무위자연은 자신의 타고난 천성 즉 성품을 말한다. 도덕경을 선으로 읽는다니, 왜 도덕경을 선으로 읽어야 하는가? 도덕경을 펼쳐 읽는다고 하지만, 책에 있는 글을 읽는 것이 아니기 때문이다. 오히려 도덕경을 읽으려는 그 마음을 읽는다고 하는 것이 더 적절하다. 다시 말해서, 책을 펼치기도 전에 스스로 일으킨 안다는 생각, 배운다는 생각을 돌이키게 할 뿐이므로, 선으로 읽는 도덕경이라 한다.

도덕을 문자로 이해한다는 것은 언어도단이다. 도에 생명을 불어넣을 수 있는 것이 선이다. 그렇다면 선으로 읽는 도덕경이란 무엇인가? 견성見性이 곧 도이고, 공들이는 것이 곧 덕이다. 도와 덕으로 스스로 일으킨 한 생각과 한 마음을 돌이키니, 곧바로 그 생각을 관조하게 되는 것이다. 읽는 것이 도리어 일으킨 생각을 쉬게 하고, 근본자리가 저절로 드러나게 하는 것이므로, 선으로 도덕경을 읽는다고 한다.

도덕경과 선불교는 현실의 모습과 생각의 실체를 적나라하게 들춰낸다. 그럼에도 도리어 현실도피 내지는 현실회피를 조장한다는 지탄을 많이 받고 있다. 도덕경의 가르침을 오독하거나 과장하여 속세를 멀리하는 것이 곧 도피 내지는 회피라는 이미지를 강화시켰을 뿐이다. 생각의 본질을 외면하고 지식을 좇는 교육은 넘쳐나지만, 도리어 혼란이 끝이 없는 것이다. 그렇지만 너무나 강력하게 끌어당기는 탐진치貪瞋癡에 갇혀 지내다가 문득 찾아야 할 것이 도덕경이며 선불교일 것이다.

현실의 모습을 적나라하게 보여주는 것이 어찌 회피이고 도피이겠는가? 다만 탐진치가 안다는 생각에서 비롯하는 것임을 곧바로 직시할 때, 무위자연의 이치가 스스로 드러날 뿐이다. 그러므로 선으로 성품의 본질이 확연히 드러나고, 도는 진실로 나 자신의 허물을 보는 것이며, 덕이 절로 생성하게 된다.

필자筆者는 『도덕경』으로 자신을 뒤돌아보는 계기가 되기를 바라면서, 선禪의 눈으로 재조명하고자 한다. 그러나 보는 것 자체가 이미 필자의 허물을 피할 길이 없으니, 참회하는 마음으로 성찰하고자 한다. 뛰어난 선비는 도를 들으면 부지런히 도를 실행하려 한다. 평범한 선비는 도를 들으면 도가 존재하는지 존재하지 않는지를 의심한다. 어리석은 선비는 도를 들으면 도를 크게 비웃을 뿐이다.

목차

들어가는 말 / 5

1장 도는 견성이다 ·· 15
2장 추함을 드러내는 것이 아름다움이다 ······························· 21
3장 현명함이란 곧 명예를 얻으려는 것이다 ··························· 26
4장 지혜의 빛은 모든 것을 드러낸다································ 31
5장 성인은 생각이 일어나는 곳을 늘 관조한다······················ 35
6장 깊은 계곡은 작용하면서도 움직이지 않는다 ···················· 39
7장 움직이지 않음으로 능히 움직이니 장생한다 ···················· 43
8장 성인은 늘 자신을 낮추는 것을 최상으로 한다···················· 47
9장 인간의 욕심은 끝이 없어 멈추기가 어렵다························ 52
10장 도와 덕의 효능은 스스로 마음을 정화한다························ 56
11장 수레의 쓰임은 텅 빈 공간으로부터 시작한다···················· 63
12장 성인은 감각기관을 충족시키지 않는다 ························ 68
13장 총애와 치욕은 다르나 같다···································· 72
14장 탐욕과 두려움은 물음으로 밝히는 것이 불가능하다 ·········· 78
15장 성인의 삶이란 어떤 모습인가 ································ 85
16장 스스로 허물을 아는 것이 고요함을 지키는 것이다············· 92
17장 최상의 군주는 늘 백성을 자신의 위에 두고 있다 ··············· 99

18장 천성을 잃어버리면 온갖 알음알이가 일어난다 ·········· 103
19장 성스러움과 지혜라는 말은 무위자연에 위배된다 ·········· 107
20장 선과 악은 생각 차이일 뿐이다 ························· 112
21장 도를 모르고는 만물의 근원을 알 수 없다 ················ 122
22장 굽은 것은 곧은 것을 감추지 못한다 ···················· 128
23장 자연에는 말과 뜻이 없다 ······························ 133
24장 도는 머물지 않는다 ··································· 138
25장 도가 크면 편견을 벗어난다 ···························· 142
26장 악의 근본이 선이다 ··································· 149
27장 말 잘하는 이는 말이 없다. ···························· 154
28장 도와 덕은 한 얼굴이다 ································ 161
29장 천하를 얻고자 하는 것은 탐욕이다 ······················ 167
30장 도는 도리어 노쇠할수록 깊어진다 ······················· 171
31장 승리를 미화하는 것은 살인을 즐기는 것이다 ············· 176
32장 변화와 부동은 도의 한 얼굴이다 ······················· 182
33장 밝음으로써 지혜를 드러낸다 ··························· 187
34장 빛은 차별 없이 어둠을 밝힌다 ························· 191
35장 도는 마음을 통하여 천하를 왕래한다 ··················· 195
36장 무엇이 사람과 경계를 모두 빼앗지 않는 것입니까 ········· 199
37장 무위자연의 본질은 무위이며 무불위이다 ················· 204
38장 덕을 잃지 않으려고 하는 것이 욕망이다 ················· 208
39장 하늘이 하나를 잃음으로 얻는 것은 혼란이다 ············· 215
40장 되돌아간다는 것은 무엇인가 ··························· 224

41장 웃음거리가 되지 않으면 도라고 할 수 없다 ····················· 226
42장 한 생각 일어날 때 죄도 일어난다 ································ 233
43장 가장 존귀한 것은 그 존귀한 말을 빼앗을 줄 아는 이의
   자각이다 ·· 239
44장 욕심에는 수행이 필요 없다 ·· 243
45장 조촐함은 천하의 정도가 된다 ·· 247
46장 도를 모르면 만족의 경계를 알지 못한다 ······················· 251
47장 문밖에서 글 읽는 자가 도를 찾을 수 있겠는가 ············ 254
48장 무위이면서 하지 못하는 것이 없다 ······························· 258
49장 선과 믿음은 타고난 천성이다 ·· 262
50장 도에는 죽음의 자리가 없다 ·· 266
51장 생각의 실체를 알면 무위자연의 도를 안다 ··················· 271
52장 천하의 시초가 어머니다 ·· 277
53장 무엇이 대도인가 ··· 284
54장 세상은 왜 항상 혼란스러운가 ·· 289
55장 자연의 순리에 따르는 것이 덕이다 ······························· 296
56장 어째서 구멍을 막고 문을 닫는가 ··································· 302
57장 자신의 생각을 볼 줄 아는 것이 혜안이다 ····················· 307
58장 화와 복은 둘이 아니다 ·· 313
59장 하늘을 섬기는 데에는 욕심을 거두는 일만한 것이 없다 ····· 318
60장 어리석음의 시작을 예측할 수 없다 ······························· 323
61장 대국은 나라를 가르지 않는다 ·· 327
62장 한 생각 돌이킬 때 죄도 면할 수 있다 ·························· 332

63장 탐욕의 생각을 벗어나는 것이 가장 어려운 일이다 ········· 338
64장 생각이 일어날 때 이미 조짐을 느껴야 한다 ················ 344
65장 세인들은 안다는 생각을 감추지 못한다 ··················· 352
66장 말하기도 어렵고, 행하기는 더 어렵다 ····················· 357
67장 구하는 마음으로 앞선다면 죽음이다 ······················ 361
68장 자존심은 가장 어리석은 자의 친구이다 ···················· 367
69장 적을 가볍게 보는 것보다 더 큰 재앙은 없다 ················ 371
70장 성인은 베옷을 입지만 옥을 품는다 ························ 375
71장 알지 못하면서 안다고 하는 것이 병이다 ··················· 379
72장 백성들이 머무는 곳은 어디인가 ·························· 382
73장 하늘의 도는 돌이켜 보는 자의 몫이다 ····················· 386
74장 들은 이가 스스로 죽는다 ································ 391
75장 탐욕할수록 삶에서 멀어진다 ····························· 395
76장 자신이 일으킨 생각을 돌이킬 줄 모른다 ··················· 399
77장 성인은 세상에 머물되 집착하지 않는다 ···················· 403
78장 물의 이치를 알기는 쉬우나 물처럼 산다는 것은 어렵다 ····· 407
79장 큰 원한은 지극한 어리석음에서 비롯된다 ·················· 411
80장 욕심을 버리는 것보다 안락한 것은 없다 ··················· 414
81장 다만 모르는 줄 안다 ···································· 419

묘봉 운륵 妙峯 雲勒 선사 행장기 ····························· 425

1장

도는 견성이다

道可道非常道 도가도비상도

도를 도라고 말하지만 항상하는 도가 아니다.

名可名非常名 명가명비상명

이름을 이름이라고 부르지만 항상하는 이름이 아니다.

無名天地之始 무명천지지시

이름 없을 때 천지의 시작이며,

有名萬物之母 유명만물지모

이름이 생기자 곧 만물을 낳는 어머니인 것이다.

故常無欲以觀其妙 고상무욕이관기묘

그러므로 언제나 욕심이 없으면 그 오묘함을 관조觀照할 수 있고,

常有欲以觀其徼 상유욕이관기요

언제나 욕심이 있으면 그 구하는 바를 관찰할 수 있다.

此兩者 차양자
무욕, 유욕 이 두 가지는

同出而異名 동출이이명
동시에 나와 이름을 달리 하지만,

同謂之玄 동위지현
현이라는 측면에서는 같은 것이다.

玄之又玄 현지우현
현묘하고 또 신비로우니,

衆妙之門 중묘지문
모든 현묘한 것이 나오는 문이다.

제1장에서 노자는 도道라고 말하는 것은 도가 아니라고 하고, 이름을 이름이라고 부르는 것 또한 마찬가지다. 이름이 없을 때 천지의 시작이며, 이름이 생기자 곧 만물을 낳는 어머니라 한다.

도道를 도라고 말하지만 항상하는 도가 아니다.

도는 선禪의 관점에서 보면 견성見性이다. 견성은 자기 자신을 관찰하는 능력이며, 타고난 성품을 깨달아 만물의 이치를 터득하

는 것이다.

그렇다면 도道는 왜 필요한가? 우리의 마음은 어떻게 작용하는가? 또한 어떻게 스스로 자신의 마음을 관조할 수 있는가?

자기 자신이 스스로의 마음작용을 모르면, 어떤 생각을 하고 사는지를 모른다. 그리고 자기가 일으킨 생각이 습관이 되고, 이 습관을 스스로 자각할 수 없어 결국은 상대방을 원망하게 되어, 그로 인한 고통을 평생 지고 살게 된다.

도라는 것은 정해진 개념 자체를 부정한다. 예를 들면, 진리를 찾지만 진리는 그 어느 곳에서도 찾을 수 없고, 진리라는 말 자체에도 진리가 없듯이 도라는 말 자체에서 도를 찾을 수 없는 것과 같다. 도는 살아있는 무한한 자신의 생명체로서 작용은 무궁무진無窮無盡하다.

도는 태어날 때부터 누구나 가지고 있는 보배이다. 이 보배를 스스로 발견하여 인위적으로 인과를 짓지 않으면서 무위의 마음작용을 할 수 있게 하는 것이 노자의 목적이며, 도덕경의 요지일 것이다.

이름을 이름이라 부르지만 항상하는 이름이 아니다.

이름은 언제든지 바뀔 수 있다. 도라는 이름도 역시 견성이라 하기도 하고, 인仁이라 하기도 한다. 또한 이성理性이라 하기도 하고, 진리眞理라고도 한다.

그러나 언어는 엄밀히 따지면 도의 본질을 표현하기에는 너무나 불완전한 도구이다. 인간이 언어로 도를 표현하자마자 도에 대한 개념이 떠오르지만, 이 개념은 소통하기 위한 이름에 불과하다. 따라서 도의 본질에 접근하기는 어렵게 된다.

그러므로 노자가 도 역시 불변하는 이름이 아니라고 밝히고 있다.

이름 없을 때 천지의 시작이며, 이름이 생기자 곧 만물을 낳는 어머니인 것이다.

도라는 이름이 없을 때부터 천지의 시작이라니, 갓난아이는 이름은 없지만 갓난아이라 불리자마자 생生이 시작되는 것과 같다. 말을 배우자 아이는 자기의 세상을 가진다. 이 세상이라는 것 역시 모두 이름에서 생긴 것이기 때문이다.

이름은 누가 만든 것인가? 세상 사람들이 모두 작명가이며, 만물을 낳는 어머니인 것이다.

> 그러므로 언제나 욕심이 없으면 그 오묘함을 관조하고, 언제나 욕심이 있으면 그 구하는 바를 관찰한다.

도와 덕은 마음의 본체와 작용이다. 따라서 자신이 무엇을 어떻게 생각하느냐에 따라 오묘함을 관할 수도 있고, 구하는 바의 욕심을 관할 수도 있다.

인간의 욕심은 자신의 모든 소중한 것 오묘함을 잃어버리게 하고, 오직 그 구하는 것만을 보게 한다. 그러나 욕심이 없으면 오묘함을 관조한다고 한다. 사실 자신의 욕심을 보고 그 한계를 아는 것 자체가 어렵다. 그래서 오묘함은 끝없는 욕심으로 모든 것을 잃어버리고 난 뒤에야 비로소 얻는 자신의 보배이다.

우리는 인간의 욕망 탐욕을 마치 자신의 본래 모습인 줄 착각한다. 따라서 자기 자신에게 집착하기 시작한다. 인간은 탐욕으로 급기야 고통을 받는다. 그럼에도 불구하고 스스로 만든 고통의 근원을 찾으려 하지 않는다.

노자는 도를 통하여 '인간의 본성' 회복을 원한다. 그리고 '인간의 본성'을 모르고는 스스로 만든 인과의 굴레에서 벗어날 수 없다는 간절한 메시지를 전하고 있다.

무욕, 유욕 이 두 가지는 동시에 나와 이름을 달리 하지만, 현玄이라는 측면에서는 같은 것이다. 현묘하고 또 신비로우니, 모든 현묘한 것이 나오는 문이다.

욕심내는 자와 욕심내지 않는 자가 동시에 나의 모습이다. 내 안에서 한 생각이 일어나는 것을 말한다. 그렇다면 이 한 생각의 실체는 무엇인가? 늘 생각의 굴레에서 한 생각의 실체를 모르고서 어찌 세상을 알려고 하겠는가?

이름이 생기자 인간은 만물의 주인이 되었고, 동시에 욕심이 생겼다. 만물을 소유하려는 끝없는 욕심이 인간의 도를 잃어버리게 하여, 악한 마음도 선한 마음도 끝없이 일어나게 한다. 이처럼 인간의 본성은 선과 악을 동시에 일으킨다.

따라서 인간에게는 찰나에 악한 생각에서 선한 생각으로, 선한 생각에서 악한 생각으로 전환할 수 있는 현묘한 능력이 있다. 그러나 어느 한 쪽으로 치우치는 것은, 자신의 탐욕과 어리석음의 정도에 달려 있다.

도는 스스로 생각을 일으킨 줄 아는 것이고, 악한 생각과 선한 생각이 자신으로부터 나온 생각임을 아는 것이다. 이와 같이 아는 것이 현묘한 것이 나오는 문이다.

2장

추함을 드러내는 것이 아름다움이다

天下皆知美之爲美 천하개지미지위미
천하가 모두 아름다움을 아름답다고 알지만,

斯惡已 사오이
이것은 추함일 뿐이다.

皆知善之爲善 개지선지위선
천하가 모두 선을 선하다고 알지만,

斯不善已 사불선이
이것은 불선일 뿐이다.

故有無相生 고유무상생
그러므로 있음과 없음이 서로를 생기게 하고,

難易相成 난이상성
어려움과 쉬움이 서로를 성립하게 한다.

長短相較 장단상교

긴 것과 짧은 것이 서로를 비교하고,

高下相傾 고하상경

높음과 낮음이 서로를 기울어지게 한다.

音聲相和 음성상화

음과 성이 서로를 화합하게 되고

前後相隨 전후상수

앞과 뒤가 서로를 따른다.

是以聖人處無爲之事 시이성인처무위지사

이로써 성인은 무위의 일에 머무르니,

行不言之敎 행불언지교

말없는 가르침을 행하고,

萬物作焉而不辭 만물작언이불사

온갖 생각 만물 을 일으키더라도 사양하지 않으며,

生而不有 생이불유

온갖 생각이 일어나도 집착하거나 소유하지 않고,

爲而不恃 위이불시

작위하나 믿거나 의지하지 않으며,

功成而弗居 공성이불거

공을 이루고도 그곳에 머무르지 않는다.

夫唯弗居 부유불거
오직 공에 머무르지 않으므로,
是以不去 시이불거
이로써 공이 허사가 되지 않는다.

제2장에서 노자는 아름다움과 추함 등의 언어가 서로를 상대함으로써 상대적 가치를 지닐 뿐, 고유한 가치를 지닌 것이 아니라고 말한다. 성인은 무위의 일에 머무르니 온갖 생각이 일어나도 집착하거나 소유하지 않고, 공을 이루고도 머무르지 않으므로 공이 허사가 되지 않는다고 말한다.

천하가 모두 아름다움을 아름다움으로 알지만, 이것은 추함일 뿐이다. 천하가 모두 선을 선으로 알지만, 이것은 불선일 뿐이다. 그러므로 있음과 없음이 서로를 생기게 하고, 어려움과 쉬움이 서로를 성립하게 한다. 긴 것과 짧은 것이 서로를 비교하고, 높음과 낮음이 서로를 기울어지게 한다. 음과 성이 서로를 화합하게 하고 앞과 뒤가 서로를 따른다. 이로써 성인은 무위의 일에 머물러서, 말없는 가르침을 행한다.

모든 언어는 상대가 없으면 소멸한다. 추함을 드러내는 것이 아름다움이다. 불선不善이 없으면 선善도 없는 이치를 말한 것이다. 즉, 삶을 드러내는 것이 죽음이듯이, 착함도 곧 악함을 전제로 하는 말이다.

이미 상대를 품고 있는 이름들이 만물에 뜻을 부여하지만, 이름을 부를 때 드러난 것 속에는 상대가 되는 것이 있다. 결국 이름이나 문자가 내재적으로는 서로 상반된 의미를 담아내는 논리를 따라 구성되었고, 외재적으로는 사회적 소통을 원활하게 하기 위해 구성되었다고 할 수 있다.

그러므로 선의 관점에서 보면 이것은 불이不二로서 도의 본질을 밝히는 것이다. 노자도 이름을 통해서 만물을 관조하지 않는다. 즉, 옳고/그름, 높음/낮음 등을 따지지 않는다.

이처럼 언어의 본질은 상대가 없으면 성립되지 않으므로, 성인은 무위의 가르침에 머물러 만물을 분별하지 않아서 말없는 가르침을 행한다.

온갖 생각 만물을 일으키더라도 사양하지 않으며, 온갖 생각이 일어나도 집착하거나 소유하지 않고, 작위하나 믿거나 의지하지 않으며, 공을 이루고도 그곳에 머무르지 않으며, 오직 공에 머무르

지 않으므로, 이로써 공이 허사가 되지 않는다.

　성인은 마음속에서 온갖 생각들이 일어나도 거부하는 생각을 내지 않는다. 왜냐하면 성인은 생각이 욕망에 의해 일어나는 줄 알기 때문이다. 따라서 일어나는 생각을 관조할 뿐이다. 그리하여 온갖 생각이 일어나도 집착하거나 소유하지 않는다. 또한 집착하거나 소유하지 않는다는 것에 자부심마저도 가지지 않는다. 자신의 내면의 생각들을 스스로 일으킨 것인 줄 관찰하지 못하는 것이 업적이나 공덕에 마음이 머물게 되는 것이므로, 모든 공덕이 허사가 된다.

3장

현명함이란 곧 명예를 얻으려는 것이다

不尙賢 불상현

현명함을 숭상하지 않음으로써,

使民不爭 사민부쟁

백성들로 하여금 경쟁을 하지 않게 한다.

不貴難得之貨 불귀난득지화

얻기 어려운 재물을 귀하게 여기지 않음으로써,

使民不爲盜 사민불위도

백성들로 하여금 도둑질하지 않게 할 수 있다.

不見可欲 불견가욕

욕망을 낼 수 있는 것을 보이지 않음으로써,

使民心不亂 사민심불란

백성으로 하여금 마음을 혼란하지 않게 한다.

是以聖人之治 시이성인지치

이렇게 함으로써 성인의 다스림은

虛其心 허기심

마음을 비우고

實其腹 실기복

그 배를 채우게 하며,

弱其志 약기지

그 의지를 약하게 하고

強其骨 강기골

그 뼈는 강하게 한다

常使民無知無欲 상사민무지무욕

항상 백성들로 하여금 지식도 욕망도 없게 하며,

使夫智者不敢爲也 사부지자불감위야

대저 현명한 자로 하여금 감히 어떤 행위도 못하게 한다.

爲無爲則無不治 위무위즉무불치

무위로 행하면 다스려지지 않는 것이 하나도 없다.

제3장에서 노자는 현명함에 대한 숭상마저도 인위적 경쟁으로 간주하여 경계한다. 성인의 다스림은 오직 마음을 비우고 배를 채우게 하여 무위로써 다스리며, 백성의 알음알이나 욕망을 자극

하지 않아야 함을 말한다.

현명함을 숭상하지 않음으로써, 백성들로 하여금 경쟁을 하지 않게 한다. 얻기 어려운 재물을 귀하게 여기지 않음으로써, 백성들로 하여금 도둑질하지 않게 할 수 있다. 욕망을 낼 수 있는 것을 보이지 않음으로써, 백성으로 하여금 마음을 혼란하지 않게 한다.

현명함을 부러워하면서 남에게 존중받으려는 마음이 곧 탐욕이다. 탐욕은 백성들로 하여금 경쟁하게 한다.

또한 가지려는 자, 가진 자들의 욕망 때문에 쉽게 얻을 수 있는 자연적 재물보다 얻기 어려운 귀한 재물을 중히 여기게 됨으로써 도둑질을 부추긴다. 즉, 물과 공기 그리고 나무 등과 같은 자연의 것을 귀중하게 여기지 않게 됨을 지적한 것이다. 참으로 현명한 것은 이러한 것을 귀중하게 여기는 마음이다.

성인은 위정자들의 권력욕 · 명예욕 · 재물욕이 민심을 더욱 더 혼란하게 한다는 것을 지적한다. 가진 자들의 욕심이 도리어 백성들로 하여금 욕심을 유발하게 되는 것인 줄을 모르니, 백성들의 잘못만을 지적하여 오히려 나라가 어지러워짐을 말한다.

이렇게 함으로써 성인의 다스림은 마음을 비우고 그 배를 채우게 하며, 그 의지를 약하게 하고 그 뼈는 강하게 한다. 항상 백성들로 하여금 지식도 욕망도 없게 하며, 대저 현명한 자로 하여금 감히 어떤 행위도 못하게 한다. 무위로 행하면 다스려지지 않는 것이 하나도 없다.

성인의 다스림이란 본래 자연의 이치에 벗어나지 않는다. 자연의 이치에는 어떠한 의지도 없다. 의지는 무위의 도를 거스르는 것으로 사실상 경쟁의 본질이며 승부욕의 원천이기 때문에, 성인의 도는 그 의지를 약하게 한다.

그리고 강하게 해야 할 것은 뼈이다. 뼈는 세상을 바라보는 올바른 생각이다. 올바른 생각이란 좋아하고 싫어하는 것을 나누지 않는다. 어찌 삶을 좋아하는 것이 미혹된 것임을 알 수 있겠는가? 죽음을 싫어하는 것이 마치 고향으로 되돌아갈 줄 모르는 것임을 어찌 알 수 있겠는가? 또한 죽음을 싫어하는 것이 삶의 욕망을 버리지 못하는 것인 줄 어찌 알 수 있겠는가?

그러므로 자연의 이치를 모르고는 무위無爲의 행을 할 수 없을 것이다. 무위의 행이란, 이미 나와 남을 분별하지 않아 스스로를 다스리는 것이니, 다스림 없이 타인을 다스리는 행이다. 노자도

이를 가리켜 무위의 행으로 다스려지지 않는 것이 하나도 없다고 한 것이다.

4장

지혜의 빛은 모든 것을 드러낸다

道沖而用之 도충이용지
도는 비어 있으면서 작용하고

或不盈 혹불영
결코 차지 않으니,

淵兮似萬物之宗 연혜사만물지종
깊고 깊어 마치 만물의 근원과 같구나.

挫其銳 좌기예
그 날카로움을 무디게 하고,

解其紛 해기분
그 얽힘을 풀어주며,

和其光 화기광
저마다의 빛깔을 화합하게 하고,

同其塵 동기진

그 티끌과 함께 한다.

湛兮似或存 담혜사혹존

맑고 맑아서 마치 항상 있는 것 같구나.

吾不知誰之子 오부지수지자

누구의 아들인지 나는 알 수 없지만,

象帝之先 상제지선

하늘의 상제보다 먼저인 것 같다.

제4장에서 노자는 도가 비어 있으면서 작용하고, 깊고 깊어 결코 차지 않으니, 마치 만물의 근원과 같다고 한다.

도는 비어 있으면서 작용하고 결코 차지 않으니, 깊고 깊어 마치 만물의 근원과 같구나.

도의 체를 바다에 비유하자면, 아무리 물이 흘러 들어가도 바다의 물은 넘치지 않는 것과 같고, 모든 생명을 길러내지만 다함이 없는 것과 같다.

도의 체는 마음을 작용시키고, 마음이 작용하는 그곳에 도의 체가 있다. 도의 체는 생각이 일어나는 근원이다. 만물 역시 도의 텅빈 곳으로부터 나온다. 만물이 마음의 작용에서 나오므로, 그 작용의 깊이는 가늠할 수가 없다.

그 날카로움을 무디게 하고, 그 얽힘을 풀어주며, 저마다의 빛깔을 화합하게 하고, 그 티끌과 함께 한다. 맑고 맑아서 마치 항상 있는 것 같구나.

도의 작용이 마음의 작용이다. 마음이 작용할수록 날카로워진다. 그러나 마음의 작용을 쉴 줄 알면 그 날카로움은 무디게 된다. 마음을 쉴 줄 안다는 것은 자신을 자각하는 행위이다. 그 얽힘을 풀어주는 것도, 스스로 얽히게 만든 자신을 관조하는 것이다. 그래서 선禪에서는 날카로움도 얽힘도 스스로 어리석음으로 만든 것인 줄 관조할 때 없어진다고 한다.

만물의 상相은 그 자체로 온갖 욕망과 번뇌의 산물이지만, 도는 이러한 티끌을 싫어하지 않고 함께 한다.

도의 능력은 마음의 작용을 늘 감시하고 있다. 도는 상相을 만들기도 하지만, 상을 만드는 자를 스스로 보기도 한다. 이때 도는 맑고 고요하여 늘 우리와 함께 함을 알 수 있다.

4장 지혜의 빛은 모든 것을 드러낸다

누구의 아들인지 나는 알 수 없지만, 하늘의 상제보다 먼저인 것 같다.

하늘의 상제를 만든 이가 결국 누구인가? 그렇다면 나는 누구의 자식인가? 마음을 도道라고 말하는 이는 누구인가? 상심常心을 터득하는 이는 누구인가? 부처님의 말씀에 "하늘 위 땅 아래 나 홀로 존귀하다"하니, 여기서 나는 누구인가? 필경 물을 줄 아는 이가 하늘의 상제보다 먼저일 것이다.

나는 자연이며 성품이고, 자연의 아들이다.

5장

성인은 생각이 일어나는 곳을 늘 관조한다

天地不仁 천지불인

하늘과 땅은 자애롭지를 않아,

以萬物爲芻狗 이만물위추구

만물을 추구 제사 지낼 때 올리는 짚으로 만든 개로 삼는다.

聖人不仁 성인불인

성인도 인자하지 않아,

以百姓爲芻狗 이백성위추구

백성들을 추구로 삼는다.

天地之間 천지지간

하늘과 땅 사이가

其猶橐籥乎 기유탁약호

거대한 풀무의 바람통과 같아서

虛而不屈 허이불굴
비어 있으나 치우치지 않는데,

動而愈出 동이유출
움직일수록 더욱 더 나온다.

多言數窮 다언수궁
말이 많으면 궁지에 몰리는 것이니

不如守中 불여수중
중도中를 지키는 것만 못하다.

제5장에서 노자는 하늘과 땅이 자애롭지 않아 무심하여 생각에 끄달리지 않는다고 한다. 생각이 많아지면 말이 많아지고, 말이 많으면 궁지에 몰리는 것이니, 중도를 지키는 것만 못하다고 한다.

하늘과 땅은 자애롭지를 않아, 만물을 추구 제사 지낼 때 올리는 짚으로 만든 개로 삼는다. 성인도 인자하지 않아, 백성들을 추구로 삼는다.

하늘과 땅 사이에 만물이 있듯이, 성인의 마음속에 백성이 있다. 여기서 백성도 만물에 속한다. 하늘과 땅이 만물을 추구로 보

듯이 성인도 백성을 추구로 본다. 이 백성은 우리의 육근六根: 눈·귀·코·혀·몸·뇌 등의 감각 및 인지기관이며, 안으로 일으키는 생각들이다. 그러므로 성인은 자신의 번뇌를 백성으로 본다.

스스로 일으킨 생각을 관조할 때 번뇌가 사라지듯이, 성인은 이 백성을 추구로 삼을 수밖에 없다. 왜냐하면 성인의 성품이 자연과 같기 때문이다.

하늘과 땅 사이가 거대한 풀무의 바람통과 같아서 비어 있으나 치우치지 않는데, 움직일수록 더욱 더 나온다.

이 자연의 모습이 곧 인간의 성품과 닮았다. 성인은 하늘과 땅 사이의 풀무의 바람통과 같다. 성인은 자연과 같이 무분별하고 무주장하며, 세상 속에 살면서도 세상일에 굽히지 않는다. 구하는 바가 없으므로 치우치지 않는다는 것이다.

그러나 세인들은 성인과 거꾸로 한다. 한마디로 세상일에만 관심을 가진다. 그리하여 구하는 바가 있으므로 굽힌다. 이것이 치우침이 있다는 것이다.

생각이 일어날 때 마음이 움직인다. 생각이 일어나는 즉시 말도 많아진다. 말이 많으면 궁지에 몰리니, 마음이 움직일수록 허물이 생기게 된다. 그러므로 말이 많은 즉시 자신이 한 말에 스스로 얽매여 궁지에 몰리게 된다는 것이다.

말이 많으면 궁지에 몰리는 것이니, 중도中를 지키는 것만 못하다.

중도中道란, 자신의 마음이 움직이는 것을 자각하는 것이다. 이때 자신의 허물을 보고, 멈출 줄 아는 것이 중의 자리다. 중을 지키는 것이 곧 하늘의 도리다. 그러나 본 것, 들은 것이 있자마자 생기는 허물에 스스로 무너진다.

자연과 성인은 움직이지 않음으로써 움직인다. 움직이되 마음 내지 않는 것이다. 성인은 육근으로 받아들인 감각을 허상으로 보지만, 세인들은 육근이 만든 상이 허상임을 알지 못한다. 성인은 스스로를 보고 듣고 하지만, 세인들은 스스로를 보지도 듣지도 못하므로 세상일에 치우치게 된다. 세간에 사는 것 자체가 허물 아닌 것이 없으니, 만일 허물을 면한다 하더라도 역시 요행일 뿐이다. 성인은 이러한 요행을 바라는 생각 자체를 일으키지 않는다. 천지와 성인은 본디 세상일에 무심하여 굴복할 일이 없다. 그러나 세인들은 늘 욕망으로 세상일에 굴복한다.

6장
깊은 계곡은 작용하면서도 움직이지 않는다

谷神不死 곡신불사
계곡의 신묘함은 결코 죽지 않으니,

是謂玄牝 시위현빈
이것을 현묘한 암컷이라 이른다.

玄牝之門 현빈지문
현묘한 암컷의 문은

是謂天地根 시위천지근
하늘과 땅의 뿌리라 이른다.

綿綿若存 면면약존
끊어질 듯 이어져 이와 같이 있으니

用之不勤 용지불근
작용하면서도 힘쓰지 않는다.

제6장에서 노자는 도를 계곡의 신묘함에 비유하고 있다. 암컷이란 현묘하여 움직이지 않는 부동不動의 비어있음을 비유하며, 그 문은 작용하면서 움직이지 않는다고 한다.

계곡의 신묘함은 결코 죽지 않으니,

깊은 계곡은 비어있어 형상이 없다. 그러므로 죽을 리도 없는 것이다. 깊은 계곡은 마음 속 깊은 곳을 의미한다. 인간의 마음 깊은 곳은 볼 수 없으나, 그곳에서 모든 것이 이루어지므로 신묘하다고 한다.

마음이 움직이는 것은 육신의 감각기관이다. 그러나 골짜기는 신묘하고 암컷은 현묘하므로, 감각기관이 움직이는 것을 보는 놈은 움직이지 않는다.

예를 들면 신발은 발 있는 사람에게 필요하다. 발 잘린 사람은 신발을 아끼지 않는다. 발 없는 사람에게 신발은 필요하지 않기 때문이다. 그러므로 감각기관육신이 없으면 마음 쓸 일도 없을 것이다. 마음 쓸 일 없으면 보는 놈도 없으니, 결코 죽지 않는다.

이것을 현묘한 암컷이라 이른다. 현묘한 암컷의 문은 하늘과 땅의 뿌리라 이른다.

　도란 인간의 뿌리며, 세상의 뿌리다. 눈으로 보고, 귀로 듣고, 코로 냄새 맡는 등의 모든 일에 관여하고 있다. 이것이 암컷이 만물의 뿌리가 되는 도리이다. 이 도리를 모르면, 무엇이 움직이며 무엇이 움직이지 않는 것인 줄 모른다.

　이 도리를 모르는 인생은 삶을 안다고 할 수 없을 것이다. 늘 감정의 기복으로 고통에서 헤어나오지 못하면서도, 고통의 실체를 알려고 하지 않는다. 헤어나오지 못하는 것이 움직이는 것이며, 고통의 실체를 알고 보는 놈은 움직이지 않는다. 그리고 움직이지 않는 것을 자각하는 것이 현묘한 암컷의 문이고, 하늘과 땅의 뿌리라 이른다.

　끊어질 듯 이어져 이와 같이 있으니 작용하면서도 힘쓰지 않는다.

　도가 끊어질 듯 이어져 이와 같이 있는 것은, 감각기관이 활동을 멈추지 않는 가운데 작용하기 때문이다. 보고, 듣고, 말하고, 맛보는 찰나 찰나에 자각하는 것이 움직이지 않는 것이다. 다만

움직이는 곳에서 움직이지 않는 도리를 비추어 보기 때문에 계곡은 신묘하고 암컷은 현묘하다.

7장
움직이지 않음으로 능히 움직이니 장생한다

天長地久 천장지구
하늘은 항상하고 땅은 변함이 없다.
天地所以能長且久者 천지소이능장차구자
하늘과 땅이 장구하는 까닭은
以其不自生 이기부자생
이로써 스스로 생성하지 않기 때문이다.
故能長生 고능장생
그러므로 능히 장생한다.
是以聖人後其身而身先 시이성인후기신이신선
이로써 성인은 자신을 뒤에 두어도 앞서게 되며,
外其身而身存 외기신이신존
자신을 내세우지 않아도 드러난다.

非以其無私邪 비이기무사야

나라는 것이 없기 때문이 아닌가?

故能成其私 고능성기사

그러므로 능히 나를 이룰 수 있다.

제7장에서 노자가 천지와 땅이 장구하다고 말한 까닭은 스스로 생성하지 않기 때문이라고 한다. 천지는 스스로를 드러내지 않아도 드러나듯이 성인도 이와 같다.

하늘은 항상하고 땅은 변함이 없다. 하늘과 땅이 장구하는 까닭은 이로써 스스로 생성하지 않기 때문이다. 그러므로 능히 장생한다.

하늘과 땅이 스스로 의도를 일으켜 생성하지 않아 장구하듯이, 마음도 생각을 일으키지 않으면 장구할 것이다. 마음에는 형상도 없고 냄새도 없고 맛도 없다. 마음 자체는 본래 스스로 생성하지 않고, 소멸하지도 않는다.

그러면 무엇이 생성하는가? 감각기관이 움직이는 것이다. 이때 한 기준도 없으면서 능히 바로 잡는 것이 마음이니, 이로써 움직이지 않음으로써 능히 움직이는 까닭에 장생한다.

이로써 성인은 자신을 뒤에 두어도 앞서게 되며, 자신을 내세우지 않아도 드러난다. 나라는 것이 없기 때문이 아닌가? 그러므로 능히 나를 이룰 수 있다.

성인은 이미 밖에서 일어나는 변화에 마음을 움직이지 않으니, 천지의 이치로써 무위無爲의 행을 하기 때문일 것이다. 머무르는 바 없이 머무는 행위와 같다.

타고난 성품 그 자체는 스스로 움직이지 않고, 감각기관의 흐름을 관조觀照할 뿐이다. 즉, 내면의 덕으로 외면의 움직임에 휘둘리지 않는다.

또한 성인은 스스로 사사로운 욕심을 내지 않으니, 생각을 일으키지도 움직이지도 않는다. 그리하여 자신을 뒤에 두어도 앞서게 된다.

안다는 생각, 모른다는 생각, 옳다는 생각, 그르다는 생각 따위로써 모든 행위를 하지만, 그 행위에 대한 집착이 없다. 특히 일으킨 생각을 보는 것이 곧 무위의 행을 하는 것이다. 또한 무위의 행은 드러나지 않으면서 드러나게 되니, 자신의 존재가 뚜렷해지는 것이다.

세상 사람들은 잊어야 할 것은 잊지 않고, 잊지 말아야 할 것은 잊어버린다. 즉, 잊지 말아야 할 내면의 도와 덕은 잊어버리고, 잊어야 할 외형에 집착하는 것은 잊지 않는다. 그러므로 자신의 존재는 상相에 가려서, 진정한 자신의 존재를 망각하게 된다.

도라는 것 역시 형상이 없이 크고 장구하여, 아무리 사용해도 닳아 없어지지 않는다. 인간의 심연도 역시 형상 없이 크고 장구하며, 무한으로 작용하여도 없어지는 법이 없다. 그리하여 인간의 마음 또한 사사로이 나라는 생각을 일으키지 않는다면, 능히 스스로 자신을 이룰 수 있다.

사람들은 모두 쓸모있음의 쓸모만을 알고, 쓸모없음의 쓸모는 알지 못한다. 번뇌 없이는 지혜도 없다.

8장
성인은 늘 자신을 낮추는 것을 최상으로 한다

上善若水 상선약수

최상의 선은 물과 같다.

水善利萬物而不爭 수선리만물이부쟁

물은 만물을 이롭게 하므로 다투지 않는 것을 최상으로 하듯이,

處衆人之所惡 처중인지소오

뭇 사람들이 싫어하는 바에도 머무른다.

故幾於道 고기어도

그러므로 도에 가깝다.

居善地 거선지

거주함은 낮은 곳을 최상으로 하고,

心善淵 심선연

마음은 깊은 연못을 최상으로 한다.

與善仁 여선인

함께함은 어짊을 최상으로 하고,

言善信 언선신

말은 믿음을 최상으로 하고,

正善治 정선치

정의로움은 다스림을 최상으로 하고,

事善能 사선능

일에는 능력을 최상으로 하고,

動善時 동선시

움직임은 때를 최상으로 한다.

夫唯不爭 부유부쟁

오직 다투지 않으므로

故無尤 고무우

허물이 없게 된다.

제8장에서 노자는 최상의 선善은 물과 같다고 하고, 일에는 능력을 최상으로 하며, 움직임에는 때를 최상으로 하여, 오직 다투지 않으므로 허물이 없게 된다고 한다.

최상의 선은 물과 같다. 물은 만물을 이롭게 하므로 다투지 않는 것을 최상으로 하듯이, 뭇 사람들이 싫어하는 바에도 머무른다. 그러므로 도에 가깝다.

물이 도에 가깝다고 한 것은 만물을 이롭게 하기 때문이다. 물은 만물에 스며들지 않는 곳이 없고, 만물과 대립하여 다투지도 않으며, 싫고 좋은 것을 분별하지도 않는다. 분별하지 않으므로 뭇 사람들이 싫어하는 바에도 머무른다. 사람은 도를 떠나서는 살 수 없듯이, 생명도 물을 떠나서는 살 수 없다. 물은 생명의 원천이기 때문이다.

거주함은 낮은 곳을 최상으로 하고, 마음은 깊은 연못을 최상으로 한다.

물은 늘 낮은 곳으로 흐르는 것이 이치이듯이, 성인의 마음은 늘 자신을 낮추므로 깊은 연못을 최상으로 한다. 깊은 연못은 고요하여 물결을 일으키지 않으니, 성인은 생각이 일어나는 찰나찰나에 그 생각을 관조하므로 생각의 물결을 잠재울 수 있다.

함께함은 어짊을 최상으로 하고, 말은 믿음을 최상으로 하고, 정의로움은 다스림을 최상으로 하고,

함께함은 소통하는 것이고, 자신의 생각^{주장}을 내지 않는 것이 어짊이다. 사람들과 함께 할 때는 남의 말에 귀 기울이고, 견해 없이 잘 듣는 것이 도리어 자신의 생각을 분명하게 드러내는 것이다.

많은 말을 하지만 신뢰가 없는 말은 곧 소리에 불과하다. 말에 믿음이 없으면 허언이 되어 이미 죽은 말이다. 그러므로 말은 신뢰를 최상으로 한다.

정의롭지 않으면 다스림 그 자체는 무의미하다. 그릇됨은 다스림이 아니라 사사로움을 채우는 것이다. 다스리는 자가 정의롭지 못하면 결국 모든 것이 무너진다.

일에는 능력을 최상으로 하고, 움직임은 때를 최상으로 한다. 오직 다투지 않으므로 허물이 없게 된다.

일을 함에 있어서 능력이란 사물의 실체에 대해 명확히 아는

것뿐만 아니라, 흔들림 없는 마음가짐이 필수이다. 따라서 사사로운 마음을 멈출 줄 아는 것도 일의 능력일 것이다. 그러므로 일을 이루려면 반드시 이러한 능력을 최상으로 한다.

어떤 행위를 할 때 무작정 움직이거나 때를 무시하고 서두르거나, 때가 와도 놓친다면 실패를 면할 수 없을 것이다. 때를 알고 움직인다는 것은 상대방이 진실로 원하는 때를 안다는 것이다. 따라서 움직일 때는 시기를 최상으로 한다.

이렇게 최상으로 할 때 다툼이 없고, 곧 허물이 없다는 것이다.

9장

인간의 욕심은 끝이 없어 멈추기가 어렵다

持而盈之 지이영지
가지고 있으면서 더 채우려고 하면,

不如其已 불여기이
멈추는 것만 못하다.

揣而銳之 췌이예지
다듬으면서 날카롭게 갈면,

不可長保 불가장보
오래 보존할 수 없다.

金玉滿堂 금옥만당
금과 옥이 집에 가득하면,

莫之能守 막지능수
이를 능히 지킬 수가 없다.

富貴而驕 부귀이교
재산과 명예가 있으면서 교만하면,

自遺其咎 자유기구
스스로 그 허물을 남긴다.

功遂身退 공수신퇴
공이 이루어졌으면 물러나는 것이,

天之道 천지도
하늘의 이치이다.

제9장에서 노자는 지나치면 부족한 것만 못하다는 말을 하고 있다. 또한 가지고 있으면서 만족할 줄 모르고, 멈출 줄도 모르는 것이 허물이라 말한다.

가지고 있으면서 더 채우려고 하면, 멈추는 것만 못하다. 다듬으면서 날카롭게 갈면, 오래 보존할 수 없다.

인간의 욕심은 끝이 없어서 멈추기가 어렵고, 마음은 스스로 일으킨 욕망을 통제하기가 어렵다. 마음이 한쪽으로 치우치면, 돌이키기가 쉽지 않다.

마음을 너무 예리하게 다듬는 것도 한쪽으로 치우친 것이다. 옳고 그름이 너무 분명하여도 자신도 모르는 사이에 무너지게 되는 것과 같다. 자신의 잘난 능력으로 인하여 스스로 삶을 괴롭힌다.

금과 옥이 집에 가득하면, 이를 능히 지킬 수가 없다.
재산과 명예가 있으면서 교만하면, 스스로 그 허물을 남긴다.

욕망을 멈출 줄 아는 것이 자신의 허물을 아는 것이다. 누구나 재물을 향한 욕망과 성공을 향한 갈망을 가지고 있지만, 그 한계가 끝이 없어 허물이 생긴다. 그러므로 재물을 쌓는 것도 어렵지만 지키는 것이 더 어렵고, 재산과 명예를 내세워 교만하게 되면 돌이킬 수 없는 허물을 남기게 된다.

공이 이루어졌으면 물러나는 것이, 하늘의 이치이다.

공을 이루었으면서 물러나지 않는 것은 공功을 이루었다는 생각을 스스로 내세우는 것이다. 이를 모르면 스스로 재앙을 불러

들인다. 복은 깃털보다 가벼운데 지고 갈 줄 모르고, 재앙은 땅덩어리보다 무거운데 내려놓을 줄 모르는 것과 같다. 공을 이룬 사람이 복은 싣지 않고, 도리어 재앙을 싣고 가는 어리석음을 경계하고 있다. 하늘의 이치는 이와 같아서 한 순간 방심하면 곧 무너진다.

10장

도와 덕의 효능은 스스로 마음을 정화한다

載營魄抱一 재영백포일
몸과 마음이 일체를 포용하니

能無離乎 능무리호
능히 여읨이 없지 않겠는가?

專氣致柔 전기치유
기운을 오롯이 모아 부드러움을 이루니

能嬰兒乎 능영아호
능히 갓난아이 같지 않겠는가?

滌除玄覽 척제현람
현묘한 마음의 거울을 닦고 닦으니

能無疵乎 능무자호
능히 허물이 없지 않겠는가?

愛民治國 애민치국

백성을 사랑하고 나라를 다스리니

能無知乎 능무지호

능히 지식으로 할 수 없겠지?

天門開闔 천문개합

하늘 문을 열고 닫으니

能無雌乎 능무자호

능히 암컷처럼 할 수 있겠는가?

明白四達 명백사달

명백하고 사방으로 통달하니

能無爲乎 능무위호

능히 무위의 경지에 이르지 않겠는가?

生之畜之 생지축지

낳고 기르면서,

生而不有 생이불유

생성하나 소유하지 않고,

爲而不恃 위이불시

작위하나 믿거나 의지하지 않고,

長而不宰 장이부재

우두머리가 되나 주재하지 않으니,

是謂玄德 시위현덕

이를 일컬어 현묘한 덕이라 한다.

제10장에서 노자는 몸과 마음이 일체를 포용하니 능히 여읨이 없지 않겠는가? 현묘한 마음의 거울을 닦고 닦으니, 능히 허물이 없지 않겠는가? 라고 강한 긍정으로 묻는다.

몸과 마음이 일체를 포용하니, 능히 여읨이 없지 않겠는가?

몸과 마음을 다스리는 것은, 곧 자기 자신이다. 그리고 몸과 마음이 곧 일체를 이룬다. 자기 자신이 태어날 때부터 가지고 있었던 넋은 빛과 같아서 일체를 포용하는 능력이 있다. 이 능력으로 스스로 몸과 마음을 정화한다.

이러한 능력은 체體와 용用으로 이별할 일이 결코 없다. 즉, 몸과 마음은 서로를 결코 떠나지 못한다. 부동의 체인 마음과 작용하는 육근의 몸은 여읠 일이 없다. 인간에게는 체용의 묘한 덕이 있어 몸과 마음을 능히 움직이게 할 수 있다. 어찌 서로 여읨이 있겠는가?

> 기운을 오롯이 모아 부드러움을 이루니 능히 갓난아이 같지 않 겠는가?

기氣란 마음을 모아 사물을 평등하게 하는 것인 줄 안다. 그러나 기라는 것은 마음을 비워서 사물을 기다릴 줄 아는 것이다. 마음이 비워진 상태는 꾸밈이 없는 어린아이와 같아 천진난만하다.

마음을 비운다는 것은 감각작용에 의해, 욕망에 휘둘리지 않음으로 일체의 편견으로부터 자유로워지는 것이다. 그러므로 마음은 부드러움을 이루며, 갓난아이 같은 상태를 유지할 수 있다는 것이다. 이것이 타고난 도와 덕의 능력일 것이다.

> 현묘한 마음의 거울을 닦고 닦으니 능히 허물이 없지 않겠는가?

현묘한 마음이란, 본래 타고난 자신의 성품이며 무위자연의 본체다. 이러한 본체는 조촐하여 어디에 티끌이 묻겠는가? 그러므로 닦고 닦는다는 것은, 우리의 본래 성품은 닦을 것이 없으나 눈으로 보고 귀로 들으면서 좋은 것만 탐하는 것을 스스로 자각하는 것이다.

예를 들면, 세속에서 자취를 끊고 은거하기는 쉽지만, 세속에 살면서 세속적 행위를 하지 않고 산다는 것은 어렵다. 또한 걷지 않는 것은 쉽지만, 걷고자 한다면 땅을 밟지 않는 것은 불가능하다.

따라서 일체 행위를 하지 않는 것은 하기 쉽지만, 행위를 하면서 본성을 해치지 않기는 어렵다는 것이다. 금강경에 말하듯이, 머무는 바 없이 그 마음을 낸다면 능히 허물이 없지 않겠는가?

백성을 사랑하고 나라를 다스리니 능히 지식으로 할 수 없겠지?
하늘 문을 열고 닫으니 능히 암컷처럼 할 수 있겠는가?

백성을 사랑하고 나라를 다스리는 데에 지식은 오히려 방해가 될 것이다. 지혜는 알음알이를 넘어 한가하고 너그럽다. 지 知, 곧 알음알이는 관료가 능히 감당할 뿐이며, 지식으로는 자신을 다스리지도, 하늘 문을 열고 닫는 암컷처럼 할 수도 없다고 한다.

지혜는 누구나 구족하고 있어 어리석은 사람도 능히 하늘의 문을 열고 닫는다. 다만 그러한 능력이 있음을 자각하지 못할 뿐이다.

> 명백하고 사방으로 통달하니 능히 무위의 경지에 이르지 않겠는가?

　무위는 성인의 경지일 것이다. 성인은 인위적으로 일을 도모하지 않고, 실패해도 후회하지 않으며, 꿈을 꾸지 않고, 깨어있을 때 근심이 없으며, 소유하지 않고, 몸을 가지고 있지만, 희·노·애·락의 감정에 휘둘리거나 얽매이지 않는다. 그러므로 명백하게 사방을 통달할 수 있으며, 능히 무위의 경지를 이룰 수 있을 것이다.

　인간의 지식으로는 무위의 근원을 헤아리기 어렵다. 그러나 이러한 근원은 본래 모든 사람이 타고난 천성이며 무위자연이다. 어찌 무위에 이르지 않겠는가?

> 낳고 기르면서, 생성하나 소유하지 않고, 작위하나 믿거나 의지하지 않고, 우두머리가 되나 주재하지 않으니, 이를 일컬어 현묘한 덕이라 한다.

　성인은 죽음과 삶, 치욕과 명예, 가난함과 부유함, 현명함과 어리석음, 춥고 더움 등의 생각들을 낳고 그 낳은 생각을 키워내지만, 이러한 생각들을 소유하지 않는다. 왜냐하면, 생각 자체는 실체가 없음을 이미 체득하여 자각하기 때문이다. 생각을 일으킨다는 것은 곧 바다 밑에서 연기가 나는 것 海底生煙과 같다.

낳고 기르고 생성하나 소유하지 않는 것은 만물에 집착하지 않는 것이다. 모든 행위를 하나 믿거나 의지하지 않는 것은 만물의 실체가 허망하기 때문이다. 그리하여 우두머리가 되어도, 중심이 되어 어떤 일을 처리하지 않는다.

무위자연의 이치를 따라 세상 속에서 세상을 벗어나는 것이 본성을 회복하는 것이며, 이를 현묘한 덕이라 한다.

11장

수레의 쓰임은 텅 빈 공간으로부터 시작한다

三十輻共一轂 삼십폭공일곡

서른 개 바퀴살이 하나의 빈 바퀴통에 모여 있듯이,

當其無 당기무

당연히 그 가운데 텅 비어 있음으로

有車之用 유거지용

수레의 쓰임이 있다.

埏埴以爲器 연식이위기

흙을 빚음으로써 그릇을 만드니,

當其無 당기무

당연히 그 공간이 텅 비어 있음으로

有器之用 유기지용

그릇의 쓰임이 있다.

鑿戶牖以爲室 착호유이위실

문과 창을 뚫음으로써 방을 만드니,

當其無 당기무

당연히 그 공간이 텅 비어 있음으로

有室之用 유실지용

방의 쓰임이 있다.

故有之以爲利 고유지이위리

그러므로 있음으로써 이로운 것은

無之以爲用 무지이위용

없음으로써 쓰임이 있기 때문이다.

제11장에서 노자는 모든 사물의 중심은 텅 비어 있어, 그 비어 있음으로 방의 쓰임이 있다고 한다. 있음으로써 이로운 것은 없음으로써 쓰임이 있기 때문이라 한다.

서른 개 바퀴살이 하나의 빈 바퀴통에 모여 있듯이, 당연히 그 가운데 텅 비어 있음으로 수레의 쓰임이 있다.

바퀴통의 텅 빈 공간이 없으면 어떻게 바퀴살을 만들겠는가?

결국 수레의 쓰임은 텅 빈 공간에서부터 시작한다.

우리는 텅 빈 공간을 어떻게 사용하는가? 텅 비어 있는 그곳에 지혜와 번뇌가 공존하는 것을 체득한다면, 아마도 텅 빈 마음을 한층 더 슬기롭고 자유롭게 쓸 수 있을 것이다. 특히 비어 있음으로 우주가 이루어져 있듯이, 텅 빈 공간의 쓰임은 모든 사물에서 볼 수 있다. 노자는 도의 텅 빈 모습을 인간의 마음에 비유한다.

흙을 빚음으로써 그릇을 만드니, 당연히 그 공간이 텅 비어 있음으로 그릇의 쓰임이 있다.

그릇 안에 이미 무엇인가 채워져 있다면, 다시 무엇을 채울 수 있겠는가? 우주는 텅 비어 있는 그 곳에서 채우고 있으나, 아무리 채워도 채워지지 않는다. 모든 만물이 이루어져서 잠시 머무르다가, 무너져 없어지게 된다. 필경에는 텅 빈 곳으로 되돌아간다.

이처럼 텅 빈 자신의 마음을 자각할 때, 탐욕과 분노가 일어나는 실체를 스스로 인식할 수 있을 것이다. 탐욕과 분노와 어리석음에 집착하여 세상일이 일어나지만, 세상일을 되돌아 볼 줄 아는 지혜가 공간의 쓰임이며, 곧 도의 쓰임일 것이다.

문과 창을 뚫음으로써 방을 만드니, 당연히 그 공간이 텅 비어 있음으로 방의 쓰임이 있다.

마음이 텅 비어 있는 것은 어떤 쓸모가 있는가? 방이 곧 우리의 텅 빈 마음이라면, 문과 창은 무엇인가? 감각을 통해 안팎이 소통하듯이, 문과 창은 우리의 육근안·이·비·설·신·의이다. 이 육근이 없으면 마음의 텅 빈 공간도 쓸모가 없을 것이다.

우리는 텅 빈 공간의 쓸모에 대하여 고민해야만 한다. 인간의 마음이 본래 텅 비어있다고 하지만, 육근을 통하여 늘 욕망이 들락거리는 것이 마치 문과 창문과 같다.

욕망으로 찬 마음을 돌이키는 것은 찰나이다. 문과 창의 지혜로써 어리석은 마음도 한 순간에 지혜로 변화할 수 있는 것이 무위자연의 도이다.

인간의 마음은 무궁무진하다. 마음의 쓰임이 끝이 없는 것 자체가 텅 비어 있음의 쓸모이다.

그러므로 있음으로써 이로운 것은 없음으로써 쓰임이 있기 때문이다.

없음으로 인하여 있음의 이로움이 있듯이 만물은 결국 없음의 공간에서 시작한다. 세상의 모든 욕망은 텅 빈 마음에서 시작한다. 텅 빈 마음이 있음으로 고통을 도道로 전환할 수 있을 것이다. 결국 있음의 쓰임은 도의 없음을 체득한 후라야 가능할 것이다.

12장

성인은 감각기관을 충족시키지 않는다

五色令人目盲 오색령인목맹

오색은 사람으로 하여금 눈을 멀게 하고,

五音令人耳聾 오음령인이롱

다섯 가지 소리는 사람으로 하여금 귀를 멀게 하고,

五味令人口爽 오미령인구상

다섯 가지 맛은 사람으로 하여금 입을 상하게 하고,

馳騁畋獵令人心發狂 치빙전렵령인심발광

말달리기와 사냥하기는 사람으로 하여금 마음을 발광하게 하고,

難得之貨令人行妨 난득지화령인행방

얻기 어려운 재물은 사람으로 하여금 행동을 방해하게 한다.

是以聖人爲腹 시이성인위복

이로써 성인은 배를 불리고,

不爲目 불위목

눈을 만족하게 하지 않는다.

故去彼取此 고거피취차

그러므로 저것을 버리고 이것을 취한다.

제12장에서 노자는 색성色聲 등이 사람으로 하여금 욕망을 불러일으키게 하여 본래의 천성을 잃어버리게 하므로 저것을 버리고 이것을 취한다고 한다.

오색은 사람으로 하여금 눈을 멀게 하고, 다섯 가지 소리는 사람으로 하여금 귀를 멀게 하고, 다섯 가지 맛은 사람으로 하여금 입을 상하게 하고,

---

다섯 가지 색깔청·황·적·백·흑과 다섯 가지 소리궁·상·각·치·우와 다섯 가지 맛쓴맛·단맛·신맛·짠맛·감칠맛은 화려한 대상들로 우리를 유혹한다.

사람들은 눈으로 색을 보면서 좋아하는 색을 구하고, 귀로 소리를 들으면서 역시 좋아하는 소리에 마음을 빼앗기고, 혀로 맛을 보면서 좋아하는 맛을 즐긴다. 점점 오감에 빠져서 사람들로

하여금 색과 소리와 맛에 집착하게 하므로, 도리어 눈과 귀와 혀를 상하게 한다는 것이다.

말달리기와 사냥하기는 사람으로 하여금 마음을 발광하게 하고, 얻기 어려운 재물은 사람으로 하여금 행동을 방해하게 한다.

말 달리고 사냥하는 것은 사람으로 하여금 쟁취하려는 쾌락을 부추겨서, 마음을 어지럽히고 고통스러운 번뇌에서 벗어나지 못하게 한다.

황금과 더 넓은 땅과 대저택 등 구하기 어려운 재물은 사람으로 하여금, 일생을 악착같이 수고하면서도 그 성공을 기약하지 못하게 하고, 고달프게 고생하면서도 돌아가 쉴 곳을 알지 못하게 한다.

인생은 참으로 이처럼 어두운 것인가? 거꾸로 가야 하는 인생을 어떻게 이해해야 할까?

이로써 성인은 배를 불리고, 눈을 만족하게 하지 않는다. 그러므로 저것을 버리고 이것을 취한다.

성인은 몸을 유지할 뿐 감각기관을 만족시키지 않는다. 즉, 성인은 지금 여기를 살아갈 뿐 감각기관에 내맡겨 욕망을 충족하지 않는다.

노자는 감각기관이 언제나 변화무상하여 지켜서 보존할 가치가 없음을 말한다. 감각기관은 그 비어 있음으로 쓸모가 있으며, 감각기관의 욕망과 그 대상은 무위자연에서 보면 본래 텅 빈 것이다.

상相이란 보고 듣고 냄새 맡고 맛보고 감각을 느끼고 생각하는 모든 것이다. 이러한 상은 세상의 경계일 뿐, 이 경계를 알아서 집착하지 않으면 도의 작용을 아는 것이다. 따라서 저것을 버리고 이것을 취하는 도리다.

13장

총애와 치욕은 다르나 같다

寵辱若驚 총욕약경

총애와 치욕에 놀란 듯 하라.

貴大患若身 귀대환약신

큰 근심 귀하게 여기기를 자기 몸과 같이 하라.

何謂寵辱若驚 하위총욕약경

총애와 치욕에 놀란 듯 하라는 것은 무엇을 일컫는 것인가?

寵爲下 총위하

총애는 아래로 흐르는 것이니,

得之若驚 득지약경

총애를 얻어도 놀란 듯 하라.

辱爲上 욕위상

치욕은 위로 향하는 것이니,

失之若驚 실지약경

치욕을 당해도 놀란 듯 하라.

是謂寵辱若驚 시위총욕약경

이것을 일러 총애와 치욕을 놀란 듯 하라는 것이다.

何謂貴大患若身 하위귀대환약신

큰 근심 귀하게 여기기를 자기 몸과 같이 하라는 것은 무엇을 일컫는 것인가?

吾所以有大患者 오소이유대환자

나에게 큰 근심이 있는 까닭은,

爲吾有身 위오유신

내가 몸을 가지고 있기 때문일 것이다.

及吾無身 급오무신

내 몸이 없다면,

吾有何患 오유하환

나에게 무슨 근심이 있겠는가?

故貴以身爲天下 고귀이신위천하

그러므로 자기 몸을 귀하게 여기듯 천하를 귀하게 여기면,

若可寄天下 약가기천하

천하를 맡길 수 있다.

愛以身爲天下 애이신위천하

자기 몸을 사랑하듯 천하를 사랑한다면

若可託天下 약가탁천하
천하를 의탁할 수 있다.

제13장에서 노자는 총애와 치욕에 놀라야 한다고 하고, 큰 근심을 귀하게 여기기를 자기 몸과 같이 해야 한다고 말한다. 자신의 몸과 마음을 경계로 삼음으로써 천하를 다스린다면 세상을 맡길 수 있다고 한다.

총애와 치욕에 놀란 듯 하라. 큰 근심 귀하게 여기기를 자기 몸과 같이 하라. 총애와 치욕에 놀란 듯 하라는 것은 무엇을 일컫는 것인가? 총애는 아래로 흐르는 것이니, 총애를 얻어도 놀란 듯 하라. 치욕은 위로 향하는 것이니, 치욕을 당해도 놀란 듯 하라. 이것을 일러 총애와 치욕에 놀란 듯 하라는 것이다.

범부들은 총애를 받으면 기뻐하고 기분이 고조되어 본래 자기 자신을 잃어버려 교만해진다. 치욕을 받으면 몹시 화를 내고 상대방에게도 똑같은 치욕을 주려고 한다. 함께 진흙 속으로 들어가는 꼴이다. 따라서 총애와 치욕은 자기 자신을 잃어버리게 한

다는 점에서 같다. 두 가지 다 놀라거나 두려워하지 않을 수 없는 것이다.

총애와 치욕은 경우만 다르지 같은 얼굴이다. 총애에서 치욕으로 변하는 것은 한 순간이다. 충족된 총애는 자신을 잃어버려 교만해지게 하므로, 이 순간 치욕으로 바뀌게 된다는 것이다.

큰 근심 귀하게 여기기를 자기 몸과 같이 하라는 것은 무슨 뜻인가? 근심을 귀하게 여기는 것은 자신을 잃지 않기 위함이다. 그렇다면 어떻게 하는 것이 자신을 잃어버리지 않는 것인가? 근심이 어디에서 오는지를 자각하는 것이다. 큰 근심 귀하게 여기기를 자기 몸과 같이 하라는 것은 무엇을 일컫는 것인가?

큰 근심 귀하게 여기기를 자기 몸과 같이 하라는 것은 무엇을 일컫는 것인가? 나에게 큰 근심이 있는 까닭은, 내가 몸을 가지고 있기 때문일 것이다. 내 몸이 없다면, 나에게 무슨 근심이 있겠는가?

이처럼 큰 근심은 몸_{감각기관}으로부터 나온다. 만일 이 몸이 없다면 총애나 치욕을 두려워 할 까닭이 없다. 이 모든 허물이 이 몸으로부터 나온다. 이 몸이 있어도 나라는 생각이 없다면, 나에게

무슨 근심이 있겠는가? 그러나 나를 내려놓는다는 것은 참으로 어려운 일일 것이다.

그러므로 자기 몸을 귀하게 여기듯 천하를 귀하게 여기면, 천하를 맡길 수 있다. 자기 몸을 사랑하듯 천하를 사랑한다면 천하를 의탁할 수 있다.

천하세상는 개인의 생각 속에서 만들어진다. 사람마다 자신의 생각 속에서 만들어져 있는 세상은 천차만별이다. 좋은 세상, 나쁜 세상, 행복한 세상, 더러운 세상 등등. 〈원각경〉에도 이르기를, 여기에서 한 생각 더 나아가면 이 세상은 본래 존재하지 않으며 집착할 것이 없다고 한다.

분별하는 능력으로는 대도大道를 보지 못한다. 내가 이른바 안다고 하는 것이 알지 못하는 것임을 어찌 알겠으며, 내가 이른바 알지 못한다고 하는 것이 아는 것임을 어찌 알겠는가?

따라서 성인은 사사로운 지혜를 쓰지 않고 심성心性 즉 타고난 천성을 쓸 뿐이다. 성인은 해와 달을 나란히 곁에 놓아두고, 우주를 허리에 끼고서 만물과 일체가 되기를 추구하며, 천한 사람도 귀인과 똑같이 존중한다.

자기 자신을 진정으로 귀하게 여긴다는 것은 어떤 의미인가? 덕은 명예 때문에 혼란해지고, 곧 명예욕으로 인해 상실된다. 만약 여기서 자기 자신의 심성을 잃지 않는다면, 상대방의 허물이 곧 나의 허물임을 아는 것이다. 이것이 자기 자신을 진정으로 위하는 것이며, 천하를 맡길 수 있는 이유이다.

14장

탐욕과 두려움은 물음으로 밝히는 것이 불가능하다

視之不見 시지불견

보아도 보이지 않는 것을

名曰夷 명왈이

이름하여 '이'라 한다.

聽之不聞 청지불문

들어도 들리지 않는 것을

名曰希 명왈희

이름하여 '희'라 한다.

搏之不得 박지부득

잡으려 해도 얻지 못하는 것을

名曰微 명왈미

이름하여 '미'라 한다.

此三者 차삼자

이 세 가지는

不可致詰 불가치힐

물음으로 따져서 밝혀내는 것이 불가능하기 때문에,

故混而爲一 고혼이위일

혼연일체로 삼은 것이다.

其上不皦 기상불교

그 위가 밝지도 않고,

其下不昧 기하불매

그 아래가 어둡지 않다.

繩繩不可名 승승불가명

끊임없이 이어져 있으나 그 이름을 붙일 수 없고,

復歸於無物 복귀어무물

만물이 없는 곳으로 다시 돌아간다.

是謂無狀之狀 시위무상지상

이것을 형상 없는 형상이라 한다.

無物之象 무물지상

만물의 상이 없는 것,

是謂惚恍 시위홀황

이것을 '황홀'이라 한다.

迎之不見其首 영지불견기수

그것을 맞이해도 그 머리를 볼 수 없고,

隨之不見其後 수지불견기후

그것을 좇아가도 그 뒤를 볼 수 없다.

執古之道 집고지도

태고의 도를 잡고,

以御今之有 이어금지유

이로써 지금 있는 일을 다스린다면,

能知古始 능지고시

능히 태고의 시원을 알 수 있을 것이다.

是謂道紀 시위도기

이를 일컬어 도의 근본이라 한다.

제14장에서 노자는 보지도 듣지도 잡지도 못하는 '이, 희, 미'로 도의 작용을 드러내고 있다. 도의 진정한 모습은 황홀이다. 도의 근본은 과거도 아니고 미래도 아닌 지금 자신의 행위를 보는 것이라고 한다. 이로부터 능히 태고의 시원을 알 수 있다고 한다.

보아도 보이지 않는 것을 이름하여 '이'라 한다. 들어도 들리지 않는 것을 이름하여 '희'라 한다. 잡으려 해도 얻지 못하는 것을 이름하여 '미'라 한다. 이 세 가지는 물음으로 따져서 밝혀내는 것이 불가능하기 때문에 혼연일체로 삼은 것이다.

보아도 보이지 않는 것은 우리의 마음 속 깊이 탐욕이라는 적 夷 때문이다. 들어도 들리지 않는 것은 마음속에서 늘 바라는 바 希 가 있어 듣고 싶은 것만 듣기 때문이다. 잡으려 하나 얻지 못하는 것 微 은 마음이 항상 미묘한 번뇌로 혼란스럽기 때문이다.

이·희·미 夷·希·微 가 곧 어리석음이므로, 이 세 가지가 얽히고 설켜 도를 찾기가 어렵다.

그 위가 밝지도 않고, 그 아래가 어둡지도 않다. 끊임없이 이어져 있으나 그 이름을 붙일 수 없고, 만물이 없는 곳으로 다시 돌아간다. 이것을 형상 없는 형상이라 한다.

형상이 있으면 빛을 받아 위는 밝게 빛나고, 아래는 그림자가 생겨 어두워질 것이다. 그러나 도는 형상이 없어 그 위가 밝지도

그 아래가 어둡지도 않다는 것이다.

필경 스스로 자신에게 물어야 한다. 나는 무엇을 보려고 하는가? 나는 무엇을 들으려 하는가? 나는 무엇을 잡으려 하는가? 도는 형상 없는 형상으로 시작도 없고 끝도 없다. 따라서 시작을 볼 수도 없고 그 끝을 알 수 없다. 다만 지금 생각이 일어나는 때를 살펴야 할 것이다. 자신이 일으킨 생각을 살피지 못하면 곧 자신을 잃게 되니, 도 역시 잃어버리게 된다.

도를 모르면 보아도 보이지 않고, 들어도 들리지 않는다. 도는 모든 차별적 사물을 무위자연으로 만든다. 그러나 도를 잃어버리면 그 즉시 차별적 사물이 성립된다.

모든 사물에는 본래 성립과 파괴가 없어 하나라고 하지만, 이 하나의 도를 모르면 일체가 성립되고, 이 하나의 도를 알면 모든 실체가 본래 없다.

노자는 거듭 도의 절대성을 말한다. 도를 잃어버리면 자기 자신을 잃어버리는 것과 같기 때문이다.

만물의 상이 없는 것, 이것을 '황홀'이라 한다.

만물의 상이란 자신이 일으킨 생각에서 비롯한다. 이 상은 스

스로 일으킨 생각임을 알자마자, 만물에 실체가 없음을 알게 되고, 그 즉시 황홀을 느낀다. 왜냐하면 그 순간 만물의 상이라는 집착에서 벗어나기 때문이다.

이처럼 황홀은 자기 자신을 스스로 볼 수 있는 데서 비롯된 말이다. 그러나 어리석은 자는 스스로 깨어 있다고 생각한다. 똑똑한 체하면서 스스로 옳다고 여겨 지혜롭다 생각한다. 결국 어리석음을 아는 것이 황홀이다. 누가 이름 없는 이름과 도라고 말할 수 없는 도를 아는가?

그것을 맞이해도 그 머리를 볼 수 없고, 그것을 좇아가도 그 뒤를 볼 수 없다.

도에는 시작과 끝이 없다. '도'라는 말은 있지만 도는 무위자연으로, 말함이 없어서 세속 밖에 노닌다. 그러므로 그 머리를 볼 수 없다. 성인은 사람을 상대하나 그 마음을 다치지 않게 한다. 그러므로 자취를 남기지 않아 그 뒤를 볼 수 없다.

"구름 가를 벗어난 옥토끼다" 雲邊脫兎

태고의 도를 잡고, 이로써 지금 있는 일을 다스린다면, 능히 태

고의 시원을 알 수 있을 것이다. 이를 일컬어 도의 근본이라 한다.

태고의 도는 무위자연이며 자신의 본래 성품이다. 즉, 자신의 본래 성품을 보고 지금 한 생각이 일어날 때마다 일체의 선악과 시비를 찰나에 무화無化시키는 것이 태고의 시원을 아는 것이다. 이 시작도 없는 곳에서 능히 도의 시초를 아는 것을 도의 근본이라 한다.

15장

성인의 삶이란 어떤 모습인가

古之善爲士者 고지선위사자
옛날에 선한 선비가 된 사람은

微妙玄通 미묘현통
미묘하고 현통하여

深不可識 심불가식
그 깊이를 알 수가 없다.

夫唯不可識 부유불가식
대저 그 깊이를 알 수 없기 때문에

故强爲之容 고강위지용
억지로 형용해 본다면,

豫焉若冬涉川 예언약동섭천
머뭇거리듯이 겨울에 강을 건너듯하고,

猶兮若畏四隣 유혜약외사린

주저하듯 사방의 이웃을 두려워하는 듯하고,

儼兮其若客 엄혜기약객

삼가는 것이 마치 손님인 듯하고,

渙兮若氷之將釋 환혜약빙지장석

풀어지는 것이 마치 방금 녹으려는 얼음인 듯하고,

敦兮其若樸 돈혜기약박

소박한 것이 다듬지 않은 통나무인 듯하고

曠兮其若谷 광혜기약곡

깊고 빈 것이 마치 계곡인 듯하고,

混兮其若濁 혼혜기약탁

섞여있는 것이 마치 혼탁한 듯하다.

孰能濁以靜之徐淸 숙능탁이정지서청

누가 능히 혼탁으로써 고요하게 하여 서서히 맑아지게 할 수 있겠는가?

孰能安以久動之徐生 숙능안이구동지서생

누가 능히 안정으로써 오랫동안 움직여 점점 생동시킬 수 있겠는가?

保此道者 보차도자

이러한 도를 보존하고 있는 사람은,

不欲盈 불욕영

가득 채우고자 하지 않으며,

夫唯不盈 부유불영

대저 채우지 않기 때문에,

故能蔽不新成 고능폐불신성

그러므로 헤진 것 그대로이며 새로운 것을 이루지 않는다.

제15장에서 노자는 선한 선비는 미묘하고 현통하여 그 깊이를 알 수가 없다고 한다. 누가 능히 혼탁으로서 고요하게 하고, 안정으로써 움직여 생동시킬 수 있겠는가?

옛날에 선한 선비가 된 사람은 미묘하고 현통하여 그 깊이를 알 수가 없다.

무위자연의 도는 미묘하고 현통하여 그 깊이를 가늠할 수 없다. 흙이 땅에 떨어져 있는 것처럼 자연스러워 인위적인 흔적을 전혀 찾을 수 없듯이, 선한 선비는 생각을 벗어나 옳고 그름을 분별하지 않아서 만사에 막힘이 없다. 막힘이 없는 것은 그 깊이를 알 수 없다는 것이다.

대저 그 깊이를 알 수 없기 때문에 억지로 형용해 본다면, 머뭇거리듯이 겨울에 강을 건너듯하고, 주저하듯 사방의 이웃을 두려워하는 듯하고,

---

도의 형상이 본래 없으므로 스스로 두려운 듯하고, 안정되어 있으나 불안정한 듯하다.

겨울에 강을 건너는데 어찌 머뭇거리지 않을 수 있겠는가? 매사에 신중함을 보이는 것이다. 이웃이나 여러 사람을 두려워하는 까닭은 먼저 자기 자신의 허물을 알기 때문이다. 인간의 심리心理 자체가 본래 정해져 있지 않아서, 언제 어떻게 변할지 모른다. 이웃을 두려워하듯이 몸가짐을 스스로 늘 살피는 것이다.

삼가는 것이 마치 손님인 듯하고, 풀어지는 것이 마치 방금 녹으려는 얼음인 듯하고, 소박한 것이 다듬지 않은 통나무인 듯하고, 깊고 빈 것이 마치 계곡인 듯하고, 섞여있는 것이 마치 혼탁한 듯하다. 누가 능히 혼탁으로써 고요하게 하여 서서히 맑아지게 할 수 있겠는가?

삼가는 모습이 마치 손님인 듯한 것은 나를 내세우지 않는 겸손한 형상이다. 주인이 손님을 대할 때 의젓함보다 손님으로 온 듯 조심하고 삼가는 것은 나를 드러내지 않기 때문이다.

성인의 경계가 풀어지는 것이 마치 방금 녹으려는 얼음인 듯하다는 것은 다른 사람의 허물을 보지 않는다는 것이다. 상대방의 허물이 곧 자신의 허물임을 안다면 어찌 지금 막 녹으려는 얼음 같지 않겠는가? 또한 그는 어떤 상황에서든지 마음을 사용하나, 집착하여 머무르는 바가 없으므로, 순간적으로 맺힌 마음을 녹인다는 것이다.

소박한 것이 다듬지 않는 통나무인 듯한 것은, 꾸밈이 없는 그대로의 순박함을 말한다. 이것은 자연이 만물을 머금고 배척함이 없기 때문이고, 선善이 자연을 닮아 진실하기 때문이다. 깊고 빈 것이 계곡인 듯한 것은, 선한 마음은 주장하는 바가 없고 편견이 없어서 마음에 걸림이 없듯이, 만물을 생성하되 만물과 늘 함께 하기 때문이다.

섞여있는 것이 혼탁한 듯한 것은, 시비에 물듦이 없어 경계에 치우치는 바도 없으므로, 세상의 모든 시비를 다 포용하기 때문이다.

능히 혼탁으로 고요하여 맑아지게 할 수 있는 것은 무엇인가?

본래 혼탁이 없는 것이 고요한 것이고, 혼탁한 줄 자각하는 것이 고요함이니, 그 근본 자체를 어찌 고요하여 맑아지게 아니할 수 있겠는가?

누가 능히 안정으로써 오랫동안 움직여 점점 생동시킬 수 있겠는가? 이러한 도를 보존하고 있는 사람은, 가득 채우고자 하지 않으며, 대저 채우지 않기 때문에, 그러므로 헤진 것 그대로이며 새로운 것을 이루지 않는다.

마음을 안정한다는 것은 두려움에서 벗어나는 것이다. 두려움이 없는데 어찌 움직여 생동시키지 않을 수 있겠는가? 도를 보존하는 사람은 탐욕에 집착하지 않으므로 가득 채울 일이 없다. 그리하여 교만하지 않으며 욕심내지 않고, 성내지 않으며 가득 채우려하지 않는다. 그러므로 헤진 것을 그대로 두고, 새로운 것 역시 이루지 않는다.

도는 지식이 아니라 스스로를 비추어 보는 빛과 같다. 예를 들면, 범이 사육하는 사람을 잘 따르는 것은, 사육자가 도리어 범의 본성을 따르기 때문일 것이다.

생각으로써 생각을 아는 것은 철학이나, 생각으로써 생각을 뛰어넘는 것은 도이다. 안으로 마음이 고요하여 바깥 경계에 마음이 움직이지 않으므로, 이목耳目이 전해주는 대로 외부의 사물을 그대로 받아들인다. 안에 있는 교활한 판단의 심지心志를 버리면, 귀신도 와서 머물려고 할 것인데 하물며 사람이랴.

자기 몸의 안위安危조차 잊을진대, 어느 겨를에 삶을 좋아하고 죽음을 싫어하는 데에 이를 수 있겠는가? 내가 상대에게 바라는 마음이 없으니, 상대가 원하는 곳으로 가는 것이 도라고 한다. 따라서 대응하는 자체가 어리석음이다.

성인의 삶은 어떤 모습인가? 도를 실천한다는 것은 인간에게 세상을 바로 바라보고, 세상에 머물면서 세상을 벗어나는 것이다. 이 얼마나 어려운 일인가?

16장

스스로 허물을 아는 것이 고요함을 지키는 것이다

致虛極 치허극
비어 있음의 극치에 이르니,

守靜篤 수정독
고요함을 진실하게 지킨다.

萬物竝作 만물병작
만물이 어울려 작용할 때,

吾以觀復 오이관복
나는 이로써 되돌아감을 비추어 본다.

夫物芸芸 부물예예
만물이 무성하게 번성하지만,

各復歸其根 각복귀기근

그 뿌리로 다시 되돌아가게 된다.

歸根曰靜 귀근왈정

뿌리로 돌아가는 것을 고요함이라 하니,

是謂復命 시위복명

이를 일러 천명으로 되돌아간다는 것이다.

復命曰常 복명왈상

천명에 되돌아가는 것을 평상심이라 한다.

知常曰明 지상왈명

평상심을 아는 것을 밝음이라 한다.

不知常 부지상

평상심를 알지 못하면,

妄作凶 망작흉

미혹한 마음이 움직여 재난을 당한다.

知常容 지상용

평상심을 알면 포용하지 못할 것이 없다.

容乃公 용내공

모든 것을 포용하면 공평해진다.

公乃王 공내왕

공평해지면 곧 왕같이 된다.

王乃天 왕내천

왕이 되면 곧 하늘이다.

天乃道 천내도

하늘이 곧 도이며,

道乃久 도내구

도는 영원하다.

沒身不殆 몰신불태

몸이 다하는 날까지 위태롭지 않다.

제16장에서 노자는 비어 있음의 극치에 이르니 고요함을 진실하게 지킨다고 한다. 평상심을 알면 포용하지 못할 것이 없고, 공평해지면 왕같이 되니, 왕이 하늘이며 도이다. 도를 알면 몸이 다하는 날까지 위태롭지 않다.

비어 있음의 극치에 이르니, 고요함을 진실하게 지킨다.

어떻게 비어 있음의 극치에 이르는가? 고요함을 진실하게 지킨다는 것은 무엇인가? 자신의 탐진치 삼독三毒을 낱낱이 살펴보는 것이 비어 있음의 밝음일 것이다. 그리고 자기 스스로 만물의 비어 있음을 비추어 볼 수 있다면, 자신의 어리석음을 알게 된다.

자신의 어리석음을 알게 되는 것이 고요함을 진실하게 지키는 것이다.

자신의 허물을 알지 못하는 것이 인간의 어리석음이다. 인간의 어리석음은 자신의 타고난 심성을 알지 못하는 데서 시작한다.

만물이 어울려 작용할 때, 나는 이로써 되돌아감을 비추어 본다.

만물이란 안이비설신의 즉 육근의 작용이다. 육근이 일으킨 작용으로 만물은 변화무쌍하여 우리의 마음을 빼앗는다. 바로 그때 우리는 자신의 타고난 천성을 잃어버리고, 쾌락을 추구하는 마음이 극에 이르게 된다. 그 찰나에 욕망의 노예가 되는 것을 스스로 인지할 수 있다면, 비어 있음의 본래 자리로 되돌아가는 것을 비추어 보게 된다.

만물이 무성하게 번성하지만, 그 뿌리로 다시 되돌아가게 된다. 뿌리로 돌아가는 것을 고요함이라 하니, 이를 일러 천명으로 되돌아간다는 것이다. 천명에 되돌아가는 것을 평상심이라 한다.

만물이 무성하게 되는 것은 뿌리가 견고하기 때문이다. 뿌리는 만물의 근원이다. 만물은 육근六根의 작용으로, 그 근원에서 보면 텅 비어 있다. 그러므로 뿌리로 돌아가는 것을 고요함이라고 하고, 천명으로 돌아간다고 하며, 이것을 평상심이라 한다.

인간의 심성 곧 타고난 성품은 자기 자신의 근원이다. 모든 삶이 이 근원으로 돌아가는 것이 고요함이다. 이 고요함으로 자신의 생각을 본다는 것 자체가 더 이상 만물에 미혹되지 않아 흔들림 없는 것이고, 이것이 불변의 이치이며 평상심이다.

평상심이란 일체의 구하는 마음이 없으므로 성내지 않으며 어리석지 않은 것이다.

평상심을 아는 것을 밝음이라 한다. 평상심을 알지 못하면, 미혹한 마음이 움직여 재난을 당한다.

밝음이란 자신의 어리석은 마음을 스스로 살필 줄 아는 것이다. 지혜는 본래 타고난 심성의 이치를 모르면 얻을 수 없는 것이다. 어리석은 마음으로 고통과 괴로움을 피하려 하지만, 행복과 즐거움을 추구하려 하는 것이 도리어 고통과 괴로움이다. 미혹한 마음이 움직여 결국은 재난을 피하기가 어렵다고 한 것이다.

지금 이 시대의 가치관은 행복과 즐거움만을 추구하려는 마음이 팽배하다. 순간의 쾌락을 즐기는 것이 미혹한 마음으로 움직인 것이므로, 오히려 뒤에 오는 고통을 감수할 수 밖에 없다.

평상심을 알면 포용하지 못할 것이 없다. 모든 것을 포용하면 공평해진다. 공평해지면 곧 왕같이 된다. 왕이 되면 곧 하늘이다.

평상심이란 텅 빈 마음으로 분별하거나 주장할 일이 없어 모든 것을 포용하니 어찌 불평등이 있겠는가?

이처럼 만물이 공평한 줄 알면 곧 마음도 자유로워진다. 마음이 자유로워지고 걸림이 없으면, 자유자재하는 왕과 같고 무위자연의 하늘과 같다.

하늘이 곧 도이며, 도는 영원하다. 몸이 다하는 날까지 위태롭지 않다.

하늘이 도가 되는 것은 움직이지 않아 영원하기 때문이다. 스스로 자신의 마음을 아는 자, 도를 체득한 자는 해야 할 일 앞에서

바뀌거나 머뭇거리지 않는다. 자신의 심성心性이 항상 밝아서 미혹하지 않으면 재난을 능히 피할 수 있을 것이나, 심성이 어두워 미혹하여 감정의 조절이 불가능하다면, 어찌 재난을 피할 수 있겠는가?

인간은 기교로써 힘겨루기를 즐긴다. 그리고 심성에 대한 믿음이 막연해지면 곧 화를 당하게 된다. 사람은 다만 다른 사람의 과실을 아는데 충분할 뿐이고, 자신의 과실을 보지 못한다. 그러므로 몸이 죽을 때까지 위태롭지 않으려면 모난 구석 없이 상대의 마음을 거슬리게 하지 않아야 한다. 자신의 마음을 모르고는 다른 사람의 마음을 어떻게 알 수 있을까? 자신의 허물을 모르고 타인의 허물을 탓한다면, 이보다 더한 위태로움은 없을 것이다.

모든 것을 얻었다고 생각할 때, 모든 것을 잃어버리는 것과 같다.

17장
최상의 군주는 늘 백성을 자신의 위에 두고 있다

太上下知有之 태상하지유지

최상의 군주는 백성들이 군주가 있다는 것만 아는 것이고,

其次親而譽之 기차친이예지

그 다음은 백성들이 군주를 가까이하고 칭찬하는 것이고,

其次畏之 기차외지

그 다음은 백성들이 그를 두려워하는 것이고,

其次侮之 기차모지

그 다음은 백성들이 그를 업신여기는 것이다.

信不足焉 신불족언

임금이 신의가 부족하면,

有不信焉 유불신언

백성들의 불신이 있게 되니,

悠兮其貴言 유혜기귀언

유연하구나 말을 귀중하게 여김이여.

功成事遂 공성사수

군주가 공을 이루고 일을 다 하여도,

百姓皆謂我自然 백성개위아자연

백성들은 이 모든 것이 다 나 스스로 자연히 된 것이라고 말한다.

제17장에서 노자는 최상의 지도자가 되는 덕목으로 백성들이 군주가 있다는 사실만을 인지하는 것을 꼽는다. 따라서 군주의 공을 백성들 스스로가 자연히 이룬 것으로 되게끔 한다.

최상의 군주는 백성들이 군주가 있다는 것만 아는 것이고, 그 다음은 백성들이 군주를 가까이하고 칭찬하는 것이고, 그 다음은 백성들이 그를 두려워하는 것이고, 그 다음은 백성들이 그를 업신여기는 것이다.

최상의 군주는 백성 위에 군림하지 않는다. 백성들은 그가 있다는 사실만 알 뿐이다. 성인이 아닌 지도자가 백성을 통치하려

할 때, 아무리 잘하려고 해도 인위적인 생각으로 유위의 폐단을 벗어나기가 어렵다.

  가장 큰 지도자는 과업을 성취하더라도 백성들이 지도자의 성취 자체를 모르게 한다. 성취는 백성을 위한 것이지, 지도자의 몫이 아니기 때문이다. 백성은 지도자의 행위에 반응하므로, 군주가 있다는 것만 아는 것이 최상이 된다.

  임금이 신의가 부족하면, 백성들의 불신이 있게 되니, 유연하구나 말을 귀중하게 여김이여. 군주가 공을 이루고 일을 다 하여도, 백성들은 이 모든 것이 다 나 스스로 자연히 된 것이라고 말한다.

  백성들에게 신信과 불신不信을 일으키게 하는 것도 역시 지도자이다. 한 생각이라도 사심私心으로 백성에게 대하게 되면, 이것이 불신을 일으켜 백성에게 전달된다는 사실을 일깨우고 있다.

  말은 자신이 먹은 마음을 입 밖으로 내뱉기 때문에 문제가 된다. 본래 심성이 텅 비어 있기 때문에, 성취할 것이 있다거나 통치한다는 생각을 일으키자마자 그 즉시 불신不信의 경계에 이끌리게 된다. 도덕적으로 신의가 있는 말이 내면의 힘이다. 그러므로 설사 군주가 모든 일을 다 완성하여 잘 이루더라도, 백성들의 공으로 돌려야 함을 말한다. 나의 영혼이 곧 나의 말에 달려 있기 때문이다.

18장

천성을 잃어버리면 온갖 알음알이가 일어난다

大道廢 대도폐
대도가 없어지니
有仁義 유인의
인의가 있게 되고,
慧智出 혜지출
지식이 출현하니
有大僞 유대위
큰 위선이 있게 된다.
六親不和 육친불화
육친 가족에게 불화가 생기니,
有孝慈 유효자
효도와 인자함이 생기고,

國家昏亂 국가혼란
나라가 혼란스러우니
有忠臣 유충신
충신이 생긴다.

제18장에서 노자는 대도가 없어지니 인의와 지식과 위선이 생겨나고, 나라가 혼란스러우니 충신이 생긴다고 한다.

대도가 없어지니 인의가 있게 되고,

큰 도는 모든 것을 포용할 뿐 어떤 것도 작위하지 않는다. 그러므로 대도가 없어지니 인의가 생기게 된다.

측은한 마음을 내는 것도, 부끄러워하는 마음을 내는 것도 그 자체가 분별이므로 대도를 모르는 유위일 뿐이다. 그러므로 대도에서는 도를 이루고자 하는 욕망도 인의仁義가 되므로, 인의仁義로써 군자의 도를 이루려는 유교儒教를 경계한다.

다만 타고난 천성을 깨달아 알 뿐이다.

지식이 출현하니 큰 위선이 있게 된다.

타고난 천성을 잃어버리므로 지식이 일어난다. 지식이 일어나는 것 자체를 무위자연에서 보면 위선이다. 지식을 일으키는 것은 자신을 내세우려는 욕망이고, 자신의 명예나 고귀함을 내세우려는 욕망이다. 이 욕망은 불명예로부터의 회피일 뿐이다.

다만 노자는 타고난 심성을 깨달아 행위하므로 무위자연이라 하고 진실한 행위라 한다. 그러므로 지식을 일으키는 것이 유위이며 번뇌가 된다. 그 일으키는 생각 자체가 진실하지 않다.

진실한 생각은 일으키는 것이 아니라 일어난 생각에서 다만 자신의 허물을 보는 것이다. 그렇지 않다면 위선이 되는 것이다.

육친 가족에게 불화가 생기니 효도와 인자함이 생기고,

가족과 화목하다면 다시 효도라는 말이 필요하지 않다. 효도와 인자함은 본래 있는 것이 아니라, 가족에게 불화가 생겼을 때 화합하기 위한 방편일 뿐이다. 불행하다고 생각할 때 행복을 추구하고, 죽음이 오기 전에는 삶을 되돌아보지 않는 것과 같다.

노자의 큰 도는 한 쪽으로 치우치지 않으며, 자연히 스스로 그러하듯이 크게 세상을 포용한다. 이러한 이치를 모르고 인위적으로 효도와 인자함을 추구하는 것은, 마치 방탕한 행위를 하면서 방탕한 사람이 되지 않기를 원하는 것과 같이 불합리한 일이다.

나라가 혼란스러우니 충신이 생긴다.

나라가 평온하면 충신이 필요하지 않는 것과 같다. 나라가 평화로울 때 영웅은 나타나지 않는다. 왜냐하면 영웅에게는 나라의 혼란이 먹이가 되기 때문이다.

대도의 관점에서 보면 충신과 간신은 그 나라의 상황에서 이루어질 뿐이다. 필경 대도에는 정해진 것은 없으니, 스스로 일으킨 생각을 살필 뿐이다. 이것이 타고난 본질이며, 무위자연의 행일 것이다.

19장
성스러움과 지혜라는 말은 무위자연에 위배된다

絶聖棄智 절성기지

성스러움을 끊고 지혜를 버리니,

民利百倍 민리백배

백성에게 이로움이 백배나 더한다.

絶仁棄義 절인기의

인을 끊고 의를 버리니,

民復孝慈 민복효자

백성들은 효성과 자애를 회복한다.

絶巧棄利 절교기리

기교를 끊고 이익을 버리니,

盜賊無有 도적무유

도둑이 없어진다.

此三者以爲文不足 차삼자이위문부족

이 세 가지 문장은 뜻으로 삼기에 부족하다.

故令有所屬 고령유소속

그러므로 뭔가 덧붙이지 않을 수 없다.

見素抱樸 현소포박

바탕을 드러내어 소박함을 품고,

少私寡欲 소사과욕

사심을 줄여 욕심을 적게 가져야 한다.

제19장에서 노자는 성스러움과 지혜를 버리니, 백성에게 이로움이 백배나 더한다고 한다. 인을 끊고 의를 버리니, 백성들은 효성과 자애를 회복한다. 기교를 끊고 이익을 버리니 도둑이 없어진다.

성스러움을 끊고 지혜를 버리니, 백성에게 이로움이 백배나 더한다.

성스러움과 지혜라는 말은 스스로를 꾸며서 높이려고 하는

말이다. 자기 자신이 우월감에 빠져 백성이 원하는 바를 알려고 하지 않는다는 것이다. 그러므로 백성에게는 이로움이 없을 것이다.

성스러움과 지혜를 버린다는 것은, 곧 백성의 눈높이와 같이 함으로써 백성에게 오히려 이로움을 준다.

인을 끊고 의를 버리니, 백성들은 효성과 자애를 회복한다.

인仁과 의義는 심성의 본질을 나타내기 위한 방편이다. 인의라는 말은 현상을 일정한 형식에 담아서 표현하기 때문에 필연적으로 과장된다. 또한 이 말은 자연적인 것을 틀 속에 담아버리기 때문에 본래 가지고 있는 의미를 상실하게 된다. 그러므로 언어로 표현하고 나면, 이미 진리의 본질은 없어진다.

인의를 이해하여 실천하려는 것은 인위적인 교육을 통해 얻는 것이다. 그러므로 본래 효성과 자애는 교육에서 나오는 것이 아니라, 타고난 본성에서 나온다. 타고난 본성을 자각할 때, 효성과 자애를 회복하는 것이 가능하다.

기교를 끊고 이익을 버리니, 도둑이 없어진다.

 기교란 생각의 조작이다. 인간의 욕망이 기교를 만든다. 인간이 기교를 추구할 때, 백성은 도리어 도적이 된다. 기교의 실체가 욕망의 실현을 위한 것이라면 어찌 끊어버리지 않을 수 있겠는가?
 다만 기교가 인간의 생각으로 조작된 것인 줄 알기만 하면, 기교는 끊어지고 도둑은 사라질 것이다.

이 세 가지 문장은 뜻으로 삼기에 부족하다. 그러므로 뭔가 덧붙이지 않을 수 없다. 바탕을 드러내어 소박함을 품고, 사심을 줄여 욕심을 적게 가져야 한다.

 세상의 모든 일은 위의 세 가지 문장으로 표현되지만, 도를 이해하기는 너무 부족하다.
 무위자연의 바탕은 소박함과 진실함이다. 이를 깨닫지 않으면, 소박함 즉 진실함이 무엇인지 알지 못한다. 이 진실함을 안다면 스스로 사심은 줄어들고, 욕심은 스스로 적어지게 됨을 말

한다.

  무위자연은 인위적으로 추구하는 것이 아니라, 스스로 보고, 듣고, 말하는 것에 얽매이지 않아 자유로워지는 것이다.

20장

선과 악은 생각 차이일 뿐이다

絶學無憂 절학무우
배우는 일을 그만두면 근심이 없어진다.

唯之與阿 유지여아
'예'라는 대답과 '응'이라는 대답의

相去幾何 상거기하
사이는 서로 얼마나 떨어져 있는가?

善之與惡 선지여악
선하다는 것과 악하다는 것의

相去若何 상거약하
차이가 서로 얼마나 다른가?

人之所畏 인지소외
사람들이 두려워하는 바를

不可不畏 불가불외

두려워하지 않을 수 없으니,

荒兮其未央哉 황혜기미앙재

너무 넓고 멀어서 그 다함이 없구나.

衆人熙熙 중인희희

모든 사람들이 희희낙락하는 것이

如享太牢 여향태뢰

마치 큰 잔칫상을 누리는 것 같고,

如春登臺 여춘등대

봄철 누대에 오른 것 같다.

我獨泊兮其未兆 아독박혜기미조

나 홀로 고요하니 그 조짐이 없는 것이,

如嬰兒之未孩 여영아지미해

마치 어린아이가 옹알이도 하지 못하는 것과 같으니,

儽儽兮若無所歸 래래혜약무소귀

나른하고 기운이 없어 돌아갈 곳이 없는 듯하다.

衆人皆有餘 중인개유여

세상 사람들 모두 넉넉한데,

而我獨若遺 이아독약유

나 홀로 아무 것도 없구나.

我愚人之心也哉 아우인지심야재

나는 어리석은 사람의 마음이구나.

沌沌兮 돈돈혜

아무런 분별없이 흐리멍덩하구나.

俗人昭昭 속인소소

세상 사람들 모두 총명한데

我獨昏昏 아독혼혼

나만 홀로 바보구나.

俗人察察 속인찰찰

세상 사람들은 자세히도 살피는데,

我獨悶悶 아독민민

나만 홀로 세상일에 어둡구나.

澹兮其若海 담혜기약해

담담한 것이 마치 바다와 같고,

飂兮若無止 료혜약무지

바람이 세차게 몰아치는 것이 마치 쉼이 없는 듯하다.

衆人皆有以 중인개유이

세상 사람들 모두 쓸모가 있는데,

而我獨頑似鄙 이아독완사비

나만 홀로 우둔하고 촌스럽구나.

我獨異於人 아독이어인

나만 홀로 타인과 달라서

而貴食母 이귀식모

나를 먹여주고 길러주는 어머니 자연를 귀히 여기는 것이다.

제20장에서 노자는 배우는 일을 그만두면 근심이 없어지고, 도리어 배울수록 근심이 많아진다고 한다. 나만 홀로 타인과 달라서 나를 먹여주고 길러주는 어머니를 귀히 여긴다고 한다.

배우는 일을 그만두면 근심이 없어진다. '예'라는 대답과 '응'이라는 대답의 사이는 서로 얼마나 떨어져 있는가?

'예'와 '응'은 생각의 차이에서 비롯되며, 이분법적 태도에 그 원인이 있다. 생각의 차이는, 곧 자연적인 사고와 배워서 인식한 사고의 차이이다.

동양에서는 윗사람에게 사용하는 말과 아랫사람에게 사용하는 말에 차이가 있고, 대답도 문화와 상황에 따라 차이가 생긴다. 언어에도 인간의 본성에서 나온 말과 인위적으로 인식된 말에는 차이가 있다. 부득이 분별하여 말하자면, 상대방을 의식하지 않고 대답하는 것은 '응'이며, 상대방을 의식하여 대답하는 것은 '예'라고 할 것이다.

안다고 해서 아는 것이 아니요, 분별력이 있다고 해서 반드시 지혜로운 것도 아니다. 잘 짖는다고 좋은 개가 아니듯이, 말을 잘 한다고 현명한 사람인 것도 아니다.

선하다는 것과 악하다는 것의 차이가 서로 얼마나 다른가? 사람들이 두려워하는 바를 두려워하지 않을 수 없으니, 너무 넓고 멀어서 그 다함이 없구나.

사실 선과 악의 차이는 한 생각 차이다. 인간의 마음에는 선과 악이 공존한다. 그래서 손바닥 뒤집기보다 쉬운 것이 선과 악의 차이다. 도리어 선과 악의 차이가 손등과 손바닥의 차이로 한 몸임을 어찌 알겠는가? 사람들은 그 차이를 모르면서 선을 좋아하고 악을 두려워한다.

노자가 사람들이 두려워하는 바를 두려워하지 않을 수 없다고 한 것은, 사람들의 눈높이 생각에서 벗어나지 않아서, 분별함이 없으므로 다투지 않는다는 것이다. 그러나 노자는 욕망을 일으켜도 성과를 기대하지 않기 때문에 두려워하지 않지만, 도리어 세상 사람들이 두려워하지 않는 것을 두려워할 뿐이다.

노자는 스스로 일으킨 허물을 두려워하니, 세상 사람들이 중요하게 여기는 욕망을 먹이로 삼아 무위자연의 도를 행할 뿐이다. 도인의 심성心性은 넓고 다함이 없어 두려움이 없다.

모든 사람들이 희희낙락하는 것이 마치 큰 잔칫상을 누리는 것 같고, 봄철 누대에 오른 것 같다. 나 홀로 고요하니 그 조짐이 없는 것이, 마치 어린아이가 옹알이도 하지 못하는 것과 같으니, 나른하고 기운이 없어 돌아갈 곳이 없는 듯하다.

세상 사람들은 보는 눈, 듣는 귀, 맛보는 혀, 냄새 맡는 코, 감각적인 몸 그리고 일으킨 생각의 심상心相으로 세상을 만든다. 그러므로 감각기관이 중요하게 생각하는 것이 다르면 세상도 다르다.

이런 이유로, 우리가 쾌락을 즐거워할 때, 노자는 "당나귀는 황금보다 여물을 더 좋아한다."고 말하고 있다. 당나귀에게는 먹을 수 없는 황금보다도 먹을 수 있는 여물이 더 즐거움이 된다.

노자는 다만 세상 사람의 즐거움을 먹이로 삼을 뿐이다. 항상 세상 속에 있으면서 세상을 벗어나 있다고 하니, 늘 세상 속에서 자신의 허물을 보기 때문이다.

그러므로 노자가 심상心相보다 심성心性을 중요하게 여기는 것은, 모든 사람들이 희희낙락할 때 도리어 성인은 마치 나른하고 기운이 없어 돌아갈 곳이 없는 듯하다지만, 이미 돌아갈 줄 알기 때문이다.

세상 사람들 모두 넉넉한데, 나 홀로 아무 것도 없구나. 나는 어리석은 사람의 마음이구나. 아무런 분별없이 흐리멍덩하구나. 세상 사람들 모두 총명한데 나만 홀로 바보구나.

세상 사람들은 모두 스스로의 욕망을 알지 못하므로 여유로워 보인다. 그러나 자신의 욕망을 본 자만이 진정으로 여유로울 것이다.

사람들은 요즘 세상이 정보화 시대라 하여 모르면 손해 보는 시대라고 생각한다. 그러나 참으로 알아야 하는 것은 모르고, 몰라도 되는 것들은 너무나 잘 알고 있다. 자기 스스로 어리석고 바보인 줄 아는 사람은 어리석지 않다. 자기가 가장 똑똑하고 현명하다고 하는 사람이 도리어 어리석은 것이다.

사람들은 분별을 잘하는 이를 총명하다고 한다. 그러나 분별할 것이 없는 줄 아는 사람은 분별이 곧 분쟁의 원인인 줄 안다.

그리하여 노자는 스스로 바보임을 자처하는 것이다.

세상 사람들은 자세히도 살피는데, 나만 홀로 세상일에 어둡구나. 담담한 것이 마치 바다와 같고, 바람이 세차게 몰아치는 것이 마치 쉼이 없는 듯하다.

세상 사람들이 자세히 살피는 것은 자기 자신의 허물이 아니라 언제나 상대방의 허물이다. 자신이 세운 기준으로 상대를 판단하고 분별하는데, 노자는 반대로 자신을 살필 뿐 판단하거나 분별하지 않는다.

이런 분별 속에서 우리는 아는 것을 통하여 오히려 진실을 놓쳐버리는 것을 경험한다. 더욱이 우리는 안다는 생각으로 인해 본래 타고난 심성을 잃어버리는 줄도 모른다.

사람들이 세상을 세세히 살피는 것이 마치 망망대해를 항해할 때, 바람이 쉼 없이 몰아쳐 파도를 일으키는 것과 같다. 그러나 노자는 세상일에 어두워 바다와 일어나는 파도가 본래 다르지 않은 줄 알며, 세차게 몰아치는 파도가 일듯이 번뇌 일어나는 것이 쉼 없음을 알 뿐이다.

그러므로 노자는 무위행無爲行으로 되돌아가기를 그치지 않는다. 번뇌가 몰아치더라도, 바다는 파도와 다르지 않고, 파도는 바다를 벗어날 수 없으므로 水不離波 波不離水, 다만 거침없는 무위를 행할 뿐이다.

세상 사람들 모두 쓸모가 있는데, 나만 홀로 우둔하고 촌스럽구나. 나만 홀로 타인과 달라서 나를 먹여주고 길러주는 어머니_{자연}를 귀히 여기는 것이다.

쓸모의 쓸모없음과 쓸모없음의 쓸모를 말하는데, 노자의 『도덕경』이 지금까지 읽히는 이유가 여기에 있다. 쓸모를 추구하는 인간의 끊임없는 욕망이 이 세상을 더욱 더 힘들게 하는 것은 아닌가? 경제가 좋을수록 공기는 탁하고, 많이 배울수록 분노는 심하다.

인성교육을 강조하지만, 정작 학교에서는 학생 간 폭력이 끊이지 않고, 사회에서는 성범죄가 만연하다. 학교에서 직업교육만 할 뿐, 단 한 번도 인간의 심성에 대해 말하지 않는다. 스스로 단 한 번도 자신의 심성에 대해 알려고 하지도 않는다. 학생들은 오직 학점과 취업에만 관심을 둔다.

사회생활을 하면서도 고통의 근원을 모르고, 어떻게 살아야 할지 몰라 방황한다. 이제는 쓸모의 쓸모없음을 그 근원에서 생각하고, 또 쓸모없음이 어떻게 쓸모 있는가를 생각해야 한다. 나아가 쓸모라는 그것이 다만 생각일 뿐임을 자각해야 한다.

그러므로 노자가 자신을 먹여 주고 키워 주는 어머니 자연를 늘 귀하게 여기는 것은, 자연의 공기, 물, 땅에서 자라나는 모든 것들이 무엇과도 비교할 수 없이 소중하며, 자신의 심성이 무위자연과 다르지 않기 때문이다. 인간의 심성이야말로 타고난 재물이다. 이 재물로 욕심도 내고 악도 저지르지만, 필경에는 이러한 생각들이 일어나는 이치를 알게 된다면 어머니를 귀히 여기지 않을 수 없다.

21장

도를 모르고는 만물의 근원을 알 수 없다

孔德之容 공덕지용
큰 덕의 모습이란,

惟道是從 유도시종
오직 도만을 따른다.

道之爲物 도지위물
도라고 하는 것은

惟恍惟惚 유황유홀
오직 황홀할 뿐이다.

惚兮恍兮 홀혜황혜
황홀함이여,

其中有象 기중유상
그 가운데에 형상이 있다.

恍兮惚兮 황혜홀혜
황홀함이여,

其中有物 기중유물
그 안에 만물이 있다.

窈兮冥兮 요혜명혜
그윽하고 아득함이여,

其中有精 기중유정
그 안에 정기가 있다.

其精甚眞 기정심진
그 정기는 지극히 참된 것으로서

其中有信 기중유신
그 안에는 믿음이 있다.

自古及今 자고급금
옛부터 지금에 이르기까지

其名不去 기명불거
그 이름이 없어지지 않았으니,

以閱衆甫 이열중보
그로써 만물의 시원을 살필 수 있다.

吾何以知衆甫之狀哉 오하이지중보지상재
내가 무엇으로 만물의 시원의 모습을 알겠는가?

以此이차

바로 이 때문이다.

제21장에서 노자는 큰 도를 황홀함이라 말한다. 큰 덕은 곧 만물과 연결된다. 모든 만물의 시원을 아는 것이 도와 덕의 작용인데, 도와 덕의 작용을 모르면 만물의 시초를 어떻게 알 수 있겠는가?

큰 덕의 모습이란, 오직 도만을 따른다.

물고기가 물을 떠나면 죽음이다. 인간이 도를 떠나면 살아도 산 것이 아니다. 탐진치貪瞋癡, 탐욕과 분노와 어리석음으로 살아간다면 어떻게 산다고 할 수 있겠는가?

물고기가 물을 떠나 살 수 없듯이, 인간은 도를 떠나 살 수 없고 육근의 작용도 볼 수 없다. 도라는 것은 인간의 무위자연의 성품이므로, 자신의 성품을 떠나서는 살 수도 할 수 있는 것도 없기 때문이다.

그러므로 큰 덕은 오직 도만을 따를 때 이루어진다. 도를 따르는 행은 무엇인가? 탐욕과 분노와 어리석음을 스스로 자각하고 절제할 줄 아는 것이다.

도라고 하는 것은 오직 황홀할 뿐이다.

어두운 동굴 속을 헤매다 한줄기 빛을 볼 때 우리는 황홀경에 빠진다. 마찬가지로 자신이 만든 어두움 속에서 한줄기 빛을 본다면 황홀할 것이다. 그러므로 황홀은 도를 체득하지 않고는 알 수가 없다.

황홀을 모르고 어찌 탐욕을 알 수 있을 것이고, 시비와 분노를 알 것이며, 어리석음을 알겠는가? 이 순간 볼 수 없다가 찰나에 자신이 훤히 보인다면, 어찌 황홀하지 않을 수 있겠는가?

황홀함이여, 그 가운데에 형상이 있다. 황홀함이여, 그 안에 만물이 있다. 그윽하고 아득함이여, 그 안에 정기가 있다. 그 정기는 지극히 참된 것으로서 그 안에는 믿음이 있다.

왜 황홀함 가운데, 형상이 있고, 만물이 있으며, 믿음이 있는가?

도의 깨달음은 외형의 상相을 쟁취하는 것과는 다르다. 텅 빈 곳에서 강렬한 태양의 빛을 만날 때, 마치 어둠에서 활짝 벗어나는 황홀함을 경험한다. 경험하는 그 순간에 우리를 둘러싼 온갖 상相들 속에서 형상象의 실체를 보게 된다.

만물이 인과因果의 법칙에 따라 일어난 것인 줄 어떻게 알겠는가? 자기 자신이 만들어 놓은 만물인 줄 어떻게 알겠는가? 그 깨달음의 황홀함 속에서 만물을 본다. 이제 그 만물에 대한 집착이 사라지기 시작한다.

초조 달마初祖達摩가 이르기를, "제 마음이 허공과 같은 줄 알면 문득 도에 닿는다." 하시었다. 문득 도에 닿는 그때, 믿음이 생긴다. 자기 자신의 타고난 성품 안에 빛과 같은 정기가 있고, 그 정기精氣를 깨닫는 이는 스스로 믿음을 가질 수밖에 없다.

형상의 실체를 보고, 만물에 대한 집착이 사라지는 그 때, 그 안에 믿음이 있다. 왜냐하면 깨닫기 전에는 만물에 대한 형상과 집착이 있는 줄도 모르기 때문이다.

옛부터 지금에 이르기까지 그 이름이 없어지지 않았으니, 그로써 만물의 시원을 살필 수 있다. 내가 무엇으로 만물의 시원의 모습을 알겠는가? 바로 이 때문이다.

도는 만물의 시초를 살필 수 있는 근원이다. 도는 곧 나 자신이며 만물이다. 도를 알지 못하면서 어찌 만물의 형상을 살필 수 있겠는가?

노자의 덕은 허공의 작용과 같아서 시비가 없고 분별이 없으며, 도에 의존할 뿐이다. 큰 덕은 마음에 작용하되 외형에 얽매이지 않는다. 그러므로 덕은 도의 실체를 체득함으로써 저절로 성취할 수 있는 것이다.

우리는 매일 자기 자신을 만남에도 불구하고, 자기 자신을 보지 못한다. 무엇이 나를 기쁘게 하는가? 무엇이 나를 분노하게 하는가? 무엇이 나를 슬프게 하며, 또한 즐겁게 하는가? 이처럼 희·노·애·락의 감정적 변화가 왜 일어나는지 모르니, 고통 역시 쉴 날이 없다.

그러므로 고통과 두려움을 보는 그때가 황홀이다. 그 안에 정미한 정기가 있어 허공의 기능과 경계를 보고, 희·노·애·락 그 자체를 되돌아 볼 줄 안다.

이와 같이 나를 모르고는 만물을 알 수 없다.

22장

굽은 것은 곧은 것을 감추지 못한다

曲則全 곡즉전
굽으면 곧 온전해지고,

枉則直 왕즉직
굽히면 즉 곧게 펴지며,

窪則盈 와즉영
움푹 파이면 곧 채워지고,

幣則新 폐즉신
헤지면 새로워지며,

少則得 소즉득
적으면 얻게 되고,

多則惑 다즉혹
많으면 미혹하게 되니,

是以聖人抱一爲天下式 시이성인포일위천하식

이로써 성인은 하나를 품고 세상의 본보기가 된다.

不自見故明 부자현고명

스스로를 드러내려 하지 않으므로 밝아지고,

不自是故彰 부자시고창

스스로 옳다 하지 않으므로 뚜렷해지며,

不自伐故有功 부자벌고유공

스스로 자랑하지 않으므로 공이 있고,

不自矜故長 부자긍고장

스스로 뽐내지 않으므로 오래 간다.

夫唯不爭 부유부쟁

성인은 오직 다투지 않으니,

故天下莫能與之爭 고천하막능여지쟁

천하의 사람들은 능히 그와 더불어 다투지 않는다.

古之所謂曲則全者 고지소위곡즉전자

옛날에 이르기를, '굽으면 곧 온전해진다'는 말이

豈虛言哉 기허언재

어찌 빈말이겠는가?

誠全而歸之 성전이귀지

진실로 온전한 것은 돌아갈 줄 아는 것이다.

제22장에서 노자는 성인은 오직 다투지 않으니 굽음과 온전함을 나누는 것이 무위자연과 다투는 것이라고 말한다. 진실로 온전한 것은 굽고, 온전함이 없이 무위자연으로 돌아가는 것이다.

굽으면 곧 온전해지고, 굽히면 즉 곧게 펴지며, 움푹 파이면 곧 채워지고, 헤지면 새로워지며, 적으면 얻게 되고, 많으면 미혹하게 되니, 이로써 성인은 하나를 품고 세상의 본보기가 된다.

이미 온전함 속에 굽음이 있다. 굽음이 없다면 온전함 역시 없는 것이다. 마찬가지로 이미 움푹 파임이 있다면 채움 역시 있다는 것이다. 이것이 자연의 이치이다.

부족하면 채우려 하듯이, 넘치면 도리어 어리석어진다. 그러나 무위자연의 도에는 부족한 것도 넘치는 것도 없다. 이것이 성인이 품은 '하나'이며, 세상의 본보기가 된다.

스스로를 드러내려 하지 않으므로 밝아지고, 스스로 옳다 하지 않으므로 뚜렷해지며, 스스로 자랑하지 않으므로 공이 있고, 스스로 뽐내지 않으므로 오래 간다. 성인은 오직 다투지 않으니, 천하

의 사람들에서 능히 그와 더불어 다투지 않는다.

　세상의 본보기는 본래 무위자연이므로, 무위자연에는 드러낼 것이 없고, 옳다 할 것이 없으며, 다툴 것이 없다. 다툴 것이 없으므로 맞서지 않는다.
　그러므로 성인은 이 도리를 알아, 견해_{見解}나 분별심 등 일어나는 생각들을 자신의 허물로 보기 때문에 다투지 않는다. 상대의 고집에 맞서지 않고 늘 세상을 품는다.

옛날에 이르기를, '굽으면 곧 온전해진다'는 말이 어찌 빈말이겠는가? 진실로 온전한 것은 돌아갈 줄 아는 것이다

　중생의 마음 버릴 것 없이, 다만 심성 _{자성自性}을 더럽히지 않을 뿐이다. 바른 법을 구하려는 것이 곧 삿된 법이다. 지극한 도는 어렵지 않으니, 버릴 것은 오직 분별심이다.
　진실로 온전함이란 절려망연 _{絶慮忘緣, 생각을 끊고 인연을 잊는 것}이니, 한 생각이 일어날 때 온갖 장애가 함께 일어난다. 그러므로 생각이 끊임없이 일어나는 줄 알고, 문득 그 생각의 실체가 텅 빈 줄

안다면, 곧 온전함으로 돌아가는 것이다.

생각에 속으면 곧 어리석어진다.

23장

자연에는 말과 뜻이 없다

希言自然 희언자연
말이 없는 것이 자연의 이치다.

故飄風不終朝 고표풍부종조
그러므로 회오리바람은 아침 내내 불지 못하고,

驟雨不終日 취우부종일
소나기는 하루 종일 내리지 못한다.

孰爲此者 숙위차자
누가 이렇게 하는가?

天地 천지
하늘과 땅이다.

天地尙不能久 천지상불능구
천지도 오히려 오래도록 지속할 수 없거늘,

而況於人乎 이황어인호
하물며 사람이 어찌 그럴 수 있겠는가?

故從事於道者 고종사어도자
그러므로 도에 종사한다는 것은,

道者同於道 도자동어도
도는 도와 함께하고,

德者同於德 덕자동어덕
덕은 덕과 함께하며,

失者同於失 실자동어실
잃음은 잃음과 함께한다.

同於道者 동어도자
도와 함께하면,

道亦樂得之 도역락득지
도 역시 즐거이 함께하고,

同於德者 동어덕자
덕과 함께하면,

德亦樂得之 덕역락득지
덕 역시 즐거이 함께하며,

同於失者 동어실자
잃음과 함께하면,

失亦樂得之 실역락득지

잃음 역시 즐거이 함께한다.

信不足焉有不信焉 신부족언유불신언

믿음이 부족하면 불신이 있게 마련이다.

제23장에서 노자는 말이 없는 것을 자연의 이치라 한다. 도와 함께하고 덕과 함께하여 자연의 이치를 안다고 하더라도, 믿음이 부족하면 불신이 있기 마련이다.

말이 없는 것이 자연의 이치다. 그러므로 회오리바람은 아침 내내 불지 못하고, 소나기는 하루 종일 내리지 못한다. 누가 이렇게 하는가? 하늘과 땅이다. 천지도 오히려 오래도록 지속할 수 없거늘, 하물며 사람이 어찌 그럴 수 있겠는가?

자연은 말하지 않는다. 자연에는 뜻과 말이 없기 때문이다. 사람의 말에는 의미가 있다. 그리하여 좋다, 나쁘다, 옳다, 그르다 라고 하는 분별이 끝이 없다. 그러나 이러한 분별심조차도 결국 오랫동안 지속적으로 유지할 수 없는 것이다.

그렇다면 마음의 회오리바람은 누가 일으키는가? 다만 스스로 일으키고 있는 줄 모를 뿐이다. 자연 자체도 지속할 수 없거늘, 하물며 사람의 마음을 어찌 지속할 수 있겠는가? 이 세상은 변화무상하여, 그대로 유지할 수 있는 것은 없다. 우리의 생각도 역시 한 찰나도 멈추지 않는다.

그러므로 도에 종사한다는 것은, 도는 도와 함께하고, 덕은 덕과 함께하며, 잃음은 잃음과 함께한다.

『법구경』에서 이르기를, '생선을 묶은 새끼줄에서는 비린내가 나고, 향을 싼 종이에서는 향내가 난다고 한다.' 우리의 생활에서 도 닦는 이는 도와 함께하고, 덕을 수행하는 이는 덕과 함께한다. 탐욕과 늘 함께하는 이는 도와 덕을 잃어버리고 잃어버림과 함께한다.

도와 덕은 사람들이 만든 언어일 뿐이고, 잃음도 역시 언어일 뿐이다. 도에 종사한다는 것은 도를 만나면 도와 함께하고 덕을 만나면 덕과 함께하며, 잃음을 만나면 잃음과 함께하는 것이다. 도에 종사하는 사람은 다만 잃어버림조차도 함께할 뿐이다.

도와 함께하면, 도 역시 즐거이 함께하고, 덕과 함께하면, 덕 역

시 즐거이 함께하며, 잃음과 함께하면, 잃음 역시 즐거이 함께한다. 믿음이 부족하면 불신이 있게 마련이다.

 도와 덕을 얻음을 기뻐하듯이 도와 덕을 잃음에도 기뻐하고, 잃음 자체를 관조하여 스스로 허물을 보는 것이 믿음이다. 그러나 도와 덕을 잃었음 역시 이미 도와 덕과 함께하고 있음을 알지 못한다. 인간은 보이지 않는 도와 덕을 문자로 이해하려고 한다.

 하지만 도와 덕은 잃어버린다거나 잃어버리지 않는다거나 하는 것이 아니다. 수행한다고 해서 도와 덕이 생기고, 수행하지 않는다고 해서 도와 덕이 없어지는 것도 아니다. 따라서 얻었다고 기뻐하고 잃어버렸다고 슬퍼하는 삶은 마치 모래로 성을 쌓는 것과 같은 것이다.

 도를 만나면 도 역시 즐거이 함께하고, 잃음을 만나면 잃음 역시 즐거이 함께한다. 무엇이든지 만날 때마다 즐거이 함께하지 못한다면, 믿음이 없어 불신不信하게 된다는 것이다. 도와 덕이 따로 있는 줄 생각한다면, 그 자체로 믿음이 부족하여 불신하게 된다.

 노자의 무위자연이란, 본래 인위적으로 행함이 없으니, 자연 그대로 주는 대로 즐거이 함께한다면, 이미 믿음이 있다고 한다.

24장

도는 머물지 않는다

企者不立 기자불립

발돋움하여 서 있는 사람은 오래 서 있을 수 없고,

跨者不行 과자불행

다리를 벌려 걷는 사람은 오래 걸을 수 없다.

自見者不明 자현자불명

스스로를 드러내려는 사람은 밝지 못하고,

自是者不彰 자시자불창

스스로 옳다고 여기는 사람은 돋보일 수 없으며,

自伐者無功 자벌자무공

스스로 자랑하는 사람은 공이 없어지고,

自矜者不長 자긍자부장

스스로 뽐내는 사람은 오래갈 수 없다.

其在道也 기재도야

그런 것을 도에 있어서는

曰餘食贅行 왈여식췌행

밥찌꺼기 군더더기 같은 행동이라고 말하니,

物或惡之 물혹오지

사람들은 이것을 싫어하는 것이다.

故有道者不處 고유도자불처

그러므로 도가 있는 자는 머물지 않는다.

제24장에서 노자는 모든 일을 억지로 이루려고 하면 할수록 지속할 수 없음을 말한다. 스스로 드러내려는 것, 옳다고 여기는 것, 자랑하는 것, 그런 것은 군더더기 같은 행동일 뿐, 도가 있는 자는 머물지 않는다.

발돋움하여 서 있는 사람은 오래 서 있을 수 없고, 다리를 벌려 걷는 사람은 오래 걸을 수 없다.

발돋움하거나 다리를 벌려 걷는 것은 무엇인가를 의도적으로 이루려는 작위하는 마음을 드러낸다. 작위하는 마음은 무엇인가

를 억지로 이루려는 욕심일 뿐이다. 그러나 무위자연의 도는 모든 일이 저절로 이루어지도록 할 뿐이다.

스스로를 드러내려는 사람은 밝지 못하고, 스스로 옳다고 여기는 사람은 돋보일 수 없으며, 스스로 자랑하는 사람은 공이 없어지고, 스스로 뽐내는 사람은 오래갈 수 없다.

스스로 드러내려는 마음이 일어나는 것은 이미 자신이 없기 때문에 밝지 못하다. 스스로 옳다는 생각을 가진다면 이미 옳음을 잃어버린 것이기 때문에 돋보일 수 없으며, 스스로 자랑하고자 하는 마음이 생기자 이미 그 공이 없어진 것이다. 스스로 뽐내는 생각이 일어나자마자 어리석은 자가 되니 어찌 오래 갈 수 있겠는가?

성인은 스스로의 허물을 볼 뿐이다. 세인世人들은 자신을 드러내려 하고, 주장하고, 자랑하는 등을 허물로 보지 않고, 도리어 자신의 진정한 모습인 양 착각한다. 오히려 무위자연인 자신의 본성을 잃어버리게 되므로 스스로의 어리석음을 드러낼 뿐이다.

그런 것을 도에 있어서는 밥찌꺼기 군더더기 같은 행동이라고

말하니, 사람들은 이것을 싫어하는 것이다. 그러므로 도가 있는 자는 머물지 않는다.

사람들은 아는 척하지만, 도에 있어서는 군더더기 같을 뿐이다. 그것은 다름 아닌 스스로 아무것도 모른다는 것을 모르기 때문이다. 도가 자신에게 있는 줄 모르고 밖에서 찾으려 하기 때문이다.

도는 인간을 인간답게 하는 생명임을 믿지 못하는 것이다. 도와 덕에 대한 확신이 없으니 우리의 마음이 어디로 향하는 바를 모르는 것이다. 도가 있는 자는 밖에서 찾아 헤맨 그 어떤 것에도 머물지 않는다.

우리가 원하는 것은 무엇인가? 좋아하고 싫어하는 생각이 일어나는 모든 마음을 번뇌라 한다면, 지혜라고 부르는 마음은 어떤 마음인가?

번뇌를 볼 줄 아는 마음이 지혜의 마음이다. 노자의 귀착점은 늘 우리의 편견을 깨부수고 있다.

25장

도가 크면 편견을 벗어난다

有物混成 유물혼성
어떤 물건이 혼연일체로 이루어져 있어,

先天地生 선천지생
하늘과 땅보다 먼저 생성되니,

寂兮寥兮 적혜요혜
적막하고 고요하구나.

獨立不改 독립불개
홀로 우뚝 서 있으면서 바뀌지도 않고,

周行而不殆 주행이불태
두루 운행하면서도 위태롭지 않으니,

可以爲天下母 가이위천하모
가히 이로써 천하의 어머니라 할 수 있다

吾不知其名 오부지기명

나는 그 이름을 알지 못하니,

字之曰道 자지왈도

그것을 문자로 표현하면 '도'라 하고,

强爲之名曰大 강위지명왈대

억지로 이름을 지어서 '크다' 한다.

大曰逝 대왈서

'크다'는 것은 끝없이 뻗어 간다는 것이고,

逝曰遠 서왈원

끝없이 뻗어 간다는 것은 멀리 멀리 나가는 것이며,

遠曰反 원왈반

멀리 멀리 간다는 것은 되돌아오는 것이다

故道大 고도대

그러므로 도는 크고,

天大 천대

하늘도 크고,

地大 지대

땅도 크고,

王亦大 왕역대

왕 역시 크다.

域中有四大 역중유사대

이 나라 안에는 네 가지 큰 것이 있는데,

而王居其一焉 이왕거기일언

왕은 그 하나에 거처하고 있다.

人法地 인법지

사람은 땅을 본받고,

地法天 지법천

땅은 하늘을 본받고,

天法道 천법도

하늘은 도를 본받고,

道法自然 도법자연

도는 자연<u>스스로 그러함</u>을 본받는다.

제25장에서 노자는 도가 자연의 법칙을 본받는다고 말한다. 도를 크다 하고, 크다는 것은 뻗어간다는 것이며, 멀리 멀리 나가는 것이다. 멀리 간다는 것은 되돌아오는 것이다. 인간은 자연을 본받으니, 도는 결국 우리의 마음을 떠나 밖에 있는 것이 아니다.

어떤 물건이 혼연일체로 이루어져 있어, 하늘과 땅보다 먼저 생

성되니, 적막하고 고요하구나. 홀로 우뚝 서 있으면서 바뀌지도 않고, 두루 운행하면서도 위태롭지 않으니, 가히 이로써 천하의 어머니라 할 수 있다.

이 한 물건은 누가 만든 것인가? 누가 하늘과 땅을 만들었는가? 묻는 이가 만든 것이고, 말하는 이가 만들었다.

"무종시즉생無種時即生이라."

이것이 태어나기 이전에 이미 태어난 도리다. 인간이 태어나기 이전에 이미 도가 존재하는 이유이며 자연의 이치이다.

타고난 마음의 실체는 적막하고 고요하다. 본래 마음에는 형체가 없다. 부동不動의 마음은 텅 비었으니, 무엇으로도 변화할 수 있다. 이 이치로 마음이 작용한다면, 능히 두루 작용하더라도 위태로울 수가 없을 것이다. 이처럼 움직이나 순수한 마음으로 세상을 운행하므로 천하의 어머니라 할 수 있다.

나는 그 이름을 알지 못하니, 그것을 문자로 표현하면 '도'라 하고, 억지로 이름을 지어서 '크다' 한다. '크다'는 것은 끝없이 뻗어 간다는 것이고, 끝없이 뻗어 간다는 것은 멀리 멀리 나가는 것이며, 멀리 멀리 간다는 것은 되돌아오는 것이다. 그러므로 도는 크고,

하늘도 크고, 땅도 크고, 왕 역시 크다.

 크다는 것은 끝이 없다는 것이다. 무한無限이다. 경계가 없으므로 바로 제자리에서 돌이키는 것이다. 생각이 일어난 곳에서 생각을 관조觀照하는 것이 되돌아오는 것이다.

 "땅에서 넘어진 사람은 땅을 딛고 일어서야 한다."

 자신의 생각을 보는 것이 도이며, 도가 큰 것은 옳고 그름의 편견偏見을 벗어나는 것이다.

 하늘이 큰 것은 우리의 마음 움직이는 것을 보는 것이다. 땅이 큰 것은 너와 나를 분별하지 않는 것이다. 그러므로 찰나찰나 자기 자신의 경계를 만나는 것이다.

 왕이 큰 것은 어떠한 경계에도 걸리지 않아 자신의 마음을 자유자재로 하는 것이다.

 그러므로 도라고 말하자 도에 걸릴까봐 크다고 말한다. 걸리는 것 자체가 이미 작은 것이므로, 텅 비어 있음은 도리어 우주를 다 담는다고 한다.

 "거년엔 송곳 세울 땅이 없더니, 금년에는 송곳조차 없다."

이 나라 안에는 네 가지 큰 것이 있는데, 왕은 그 하나에 거처하

고 있다. 사람은 땅을 본받고, 땅은 하늘을 본받고, 하늘은 도를 본받고, 도는 자연 스스로 그러함을 본받는다.

이 나라 안은 결국 우리 자신의 마음이다.

사람이 땅을 본받는다는 것은 마음에 심은 대로 거두는 것이다. 땅이 하늘을 본받는다는 것은 본래 마음이 텅 비어 심을 것이 없다는 것이다. 하늘이 도를 본받는다는 것은 본래 마음이 텅 비어 작용에 걸림이 없다는 것이다. 도가 자연을 본받는다는 것은 무위자연의 이치를 말한다.

사람의 마음이 자연을 닮아서 본래 누구나 도를 품고 있는 것이다. 인간은 자연에서 왔듯이, 그 마음이 자연의 법칙에 어긋나지 않는다. 그리고 도가 크다는 것은 인간의 마음을 비유한 것이다.

이와 같아서 우리의 마음에는 경계가 없으므로 걸림이 없기 때문에 왕이라 한다. 이 경계 없는 마음은 세상의 편견을 능히 벗어나고, 시비 是非를 떠나서 걸림 없이 자유로워지므로 도라 한다.

세상의 허공이 능히 만물과 형상들을 머금고 있으니, 악법과 선법이며 일체 대해 大海와 수미산 등이 다 허공 속에 들어 있으니, 만물의 심성이 공 空한 것도 또한 이와 같다. 심성 자성, 自性이 능히 만법을 머금었으니 이것을 크다 한다.

만법이 각 사람마다의 자성自性 가운데 있으니, 만일 모든 사람들이 선과 악을 보되 도무지 취하지도 버리지도 않으며, 물들지도 아니해서 마음이 허공과 같다면 이를 크다 한다.

허공이 이와 같은데, 노자의 도와 덕이 세상에 나온 것 역시 바람 없는데 물결을 일으킨 것이다.

"봄이 오매 풀이 절로 푸르다." 春來草自靑

26장

악의 근본이 선이다

重爲輕根 중위경근

무거운 것은 가벼운 것의 근본이 되고,

靜爲躁君 정위조군

고요한 것은 조급함의 임금이 된다.

是以聖人終日行 시이성인종일행

이로써 성인은 하루 종일 다닐지라도,

不離輜重 불리치중

무거운 짐수레를 떠나지 않는다.

雖有榮觀 수유영관

비록 화려한 볼거리가 있을지라도,

燕處超然 연처초연

편안하게 처신하니 초연한 것이다.

奈何萬乘之主 내하만승지주
어찌 만 대의 수레를 가진 군주로서

而以身輕天下 이이신경천하
자신이 천하를 가볍게 처신할 수 있겠는가.

輕則失本 경즉실본
가벼우면 곧 근본을 잃게 되고,

躁則失君 조즉실군
조급하게 행동하면 곧 임금의 자리를 잃게 될 것이다.

제26장에서 노자는 도의 근본을 대법對法으로써 말하며, 무겁다는 것은 가볍다는 것의 근본이 되고, 가볍다는 것은 무겁다는 것의 근본이 된다고 한다. 만 대의 수레를 가진 군주로서 그 무거움을 모르고 가벼우면 곧 근본을 잃게 되고, 조급하게 행동하면 곧 임금의 자리를 잃게 될 것이다.

무거운 것은 가벼운 것의 근본이 되고, 고요한 것은 조급함의 임금이 된다.

선의 근본이 악이고 악의 근본이 선이듯이, 언어는 서로 불가

분의 관계를 가지고 있다. 조급함동은 이미 움직이는 것이고, 고요함부동이 조급함을 조절하므로 임금이 되는 것이다.

언어의 창조적인 기능은 외부 세계를 존재하게 하므로, 우리는 표현된 외부 세계에 집착하게 된다. 즉, '빨리 빨리'라는 소리에 마음은 더 조급하게 된다. 이때 고요함으로 되돌아가는 것을 으뜸으로 삼아야 할 것이다.

이로써 성인은 하루 종일 다닐지라도, 무거운 짐수레를 떠나지 않는다.

성인이 끌고 다니는 짐수레는 자신의 몸으로 스스로 일으키는 번뇌와 탐욕은 무거운 짐이다. 누구라서 이 몸과 번뇌를 떠날 수 있겠는가?

다만 이 몸과 번뇌를 떠날 수 없음을 아는 것이 성인이며, 그 마음이 몸에 의해 좌우되지 않는다. 성인의 마음이 종일토록 무거운 짐수레를 떠나지 않는 것은 번뇌와 탐욕을 하루 종일 살피기 때문이다.

비록 화려한 볼거리가 있을지라도, 편안하게 처신하니 초연한

26장 악의 근본이 선이다

것이다.

인간의 지식은 욕망을 낳고, 욕망은 눈에 만족하기 위해 화려함을 추구한다. 인간의 지식과 욕망은 끝이 없다.

안·이·비·설·신·의라는 육근을 만족시키는 것이 행복이라고 말한다. 그리고 이 행복을 얻기 위해 우리는 더욱 더 물질적 만족을 추구한다.

지금 세인世人들은 우울증과 두려움과 절망 속에서 세상의 길을 잃어버렸다. 결코 행복한 삶이란 지식과 욕망을 채워서 이루어지는 것이 아니라는 것이다.

성인은 욕망과 지식의 노예로서 살지 않는다. 그리하여 그는 욕망에 초연하므로 편안하다.

어찌 만 대의 수레를 가진 군주로서 자신이 천하를 가볍게 처신할 수 있겠는가. 가벼우면 곧 근본을 잃게 되고, 조급하게 행동하면 곧 임금의 자리를 잃게 될 것이다.

만 대의 수레는 만백성을 뜻한다. 또한 자심自心 속에 있는 생각들이 백성이다. 어찌 세상을 가벼이 알고 처신할 수 있겠는가?

생각이 쉽게 움직이면 이미 자신을 잃는다. "동념즉괴動念卽乖 라 생각이 움직이면 무너진다!"

조급하게 행동하는 것 역시 자재로움을 잃게 되니, 즉 쉽게 분노함으로 타인으로부터 신뢰를 잃게 된다. 그리고 곧 왕 자리를 잃게 되는 것이다.

세인들은 자기 자신을 스스로 알지 못하기 때문에 자존심만 강하게 된다. 그리고 이 자존심은 분별과 편견과 아집으로 말미암아 자신을 분노와 고통 속에서 벗어나지 못하게 한다.

분노는 모든 죄악의 근본이다. 분노는 생각 과정 자체에서 이미 함께 작용한다. 평소에 자주 자기 자신을 돌보지 않는다면, 한순간의 분노와 조급함으로써 모든 것은 잃게 된다는 것이다.

노자는 자신의 무거운 수레를 떠나지 않는다. 노자는 항상 자신을 살피는 일에서 떠나지 않기 때문이다. 그러므로 그는 늘 한가롭게 처신할 수 있으며, 지식과 욕망으로부터 초연한 것이다.

27장

말 잘하는 이는 말이 없다

善行無轍迹 선행무철적
다니기를 잘하는 이는 수레바퀴의 흔적이 없고,

善言無瑕讁 선언무하적
말을 잘하는 이는 흠잡을 것이 없으며,

善數不用籌策 선수불용주책
계산을 잘하는 이는 계산기가 필요 없고,

善閉無關楗而不可開 선폐무관건이불가개
잘 닫힌 문은 빗장이 없어도 열리지 않으며,

善結無繩約而不可解 선결무승약이불가해
묶기를 잘하는 이는 졸라매지 않아도 풀리지 않으니,

是以聖人常善求人 시이성인상선구인
이로써 성인은 항상 사람을 잘 구제한다.

故無棄人 고무기인

그러므로 버려지는 사람이 없고,

常善救物 상선구물

항상 물건을 잘 구제하며,

故無棄物 고무기물

그러므로 버리는 물건이 없으니,

是謂襲明 시위습명

이를 일러 감추고 있는 밝음이라 한다.

故善人者 고선인자

그러므로 선한 사람은

不善人之師 불선인지사

선하지 못한 사람의 스승이요,

不善人者 불선인자

선하지 못한 사람은

善人之資 선인지자

선한 사람의 바탕이다.

不貴其師 불귀기사

그 스승을 귀하게 여기지 않고

不愛其資 불애기자

그 바탕을 아끼지 않는다면,

雖智大迷 수지대미

비록 지혜롭다 해도 크게 미혹될 것이다.

是謂要妙 시위요묘

이것을 도에 이르는 중요하고도 심오한 이치라 이른다.

제27장에서 노자는 선한 사람은 선하지 못한 사람의 스승이요, 선하지 못한 사람은 선한 사람의 바탕이다. 도의 심오한 이치는 선하다거나 선하지 못하다는 생각에 미혹되지 않는 것이다.

다니기를 잘하는 이는 수레바퀴의 흔적이 없고, 말을 잘하는 이는 흠잡을 것이 없으며,

어떻게 하면 다니기를 잘할 수 있겠는가? 하늘을 나는 새는 흔적이 없다.

도는 행위를 하되 자기 자신을 드러내지 않는다. 세인들은 반대로 자신을 드러내기 위하여 행위를 한다. 그렇기 때문에 모든 행위로써 목적을 이루고도, 다시 다 잃어버리게 되는 것이다.

"마음 내지 않고 마음 빼앗는다."

어떻게 하는 것이 말을 잘하는 것인가? 세인들이 참으로 잘하

기 어려운 것이 말이다.

언제나 말이 문제를 일으킨다. 사람은 자신의 입에서 떨어진 말에 의해서 구속되는 것이다. 그리고 말은 그 사람의 결점으로 남는다. 성인의 말은 도의 경계에서 이사理事에 맞게 하므로 흠을 남기지 않는다.

자신이 하고자 하는 말이라도 하지 않아 말을 삼갈 줄 아는 것이다. 이사의 이치를 모르고는 말을 삼가지도 못한다. 그러므로 우리는 자신의 심성을 깨닫지 않으면, 도라고 말하기가 무척 어렵다는 것을 알게 된다. 우리는 끊임없이 자신의 육근감각기관을 살피지 않으면, 모든 재앙, 신구의身·口·意 3업으로부터 자유로울 수 없다.

말은 하나의 결단이다. 이 결단은 나의 존재의 실체를 건 모험이다. 나의 정신이 나의 말에 달려 있음을 피할 길이 없다. 말은 미리 결정된 단순한 표현이 아니라, 도덕적으로 인격의 핵심을 형성시키는 힘을 가졌다는 것이 분명해진다. 어찌 말 잘하는 이의 잘못이랴.

계산을 잘하는 이는 계산기가 필요 없고, 잘 닫힌 문은 빗장이 없어도 열리지 않으며, 묶기를 잘하는 이는 졸라매지 않아도 풀리

지 않으니,

　계산을 잘하는 사람은 어떤 사람인가? 아마도 세인들의 이익을 위한 계산이 아닐 것이다. 역시 성인의 계산은 다른 사람의 이익을 먼저 생각한 계산이며, 매사에 자신의 의도를 위해서는 계산하지 않는다. 그러므로 계산 잘하는 사람은 계산하지 않는다.

　여기서 육근안·이·비·설·신·의을 마음의 문으로 비유하고 있다. 세인들의 마음은 이 육근의 욕망에 의하여 눈을 감고, 귀를 막아도 열리는 것이다. 그러나 성인들의 마음은 육근을 활짝 열어 두어도, 욕망에 휘둘리지 않음을 말하다. 잘 닫힌 문은 빗장이 없어도 열리지 않는다는 것이다.

　매듭도 마찬가지다. 세인의 마음은 욕망으로 꽁꽁 묶여있다. 사랑이나 증오, 시기나 질투 등 일으킨 생각에 의해서 스스로 묶여있어 풀 수가 없다. 성인은 반대로 끈이 있어도 묶을 마음이 없다. 그러므로 묶지 않았는데 어떻게 풀리겠는가? 성인은 어떠한 경계 속에서도 욕망하나 욕망에 묶이지 않으며, 주장하나 주장에 묶이지 않는다.

　이로써 성인은 항상 사람을 잘 구제한다. 그러므로 버려지는 사

람이 없고, 항상 물건을 잘 구제하며, 그러므로 버리는 물건이 없으니, 이를 일러 감추고 있는 밝음이라 한다.

　성인은 어떤 마음도 묶어두지 않음으로, 그 자체로 사람을 구제한다. 성인은 남의 허물을 보면서 도리어 자신의 허물로 여길 뿐이므로, 이것을 감추고 있는 밝음이라고 한다.
　감추고 있는 밝음은 만물에 묶여있지도 집착하지도 않으므로, 사람도 만물도 잘 구제한다. 그러므로 버려지는 물건이 없다. 이를 일러 감추고 있는 밝음이라 한다.

　그러므로 선한 사람은 선하지 못한 사람의 스승이요, 선하지 못한 사람은 선한 사람의 바탕이다.

　선善이 있어 불선不善이 있는 것과 같이, 불선이 없으면 무엇을 선이라고 할 기준이 없다. 부자의 기준이 가난한 자에게 있는 것과 같다.
　따라서 성인은 범부의 스승이 되고, 범부는 성인의 바탕이 되는 것이다.

27장 말 잘하는 이는 말이 없다

> 그 스승을 귀하게 여기지 않고 그 바탕을 아끼지 않는다면, 비록 지혜롭다 해도 크게 미혹될 것이다. 이것을 도에 이르는 중요하고도 심오한 이치라 이른다.

스승을 귀하게 여기지 않고, 바탕을 아끼지 않으니 미혹하다고 한다. 거짓이 없다면 무엇으로 참으로 삼을 것인가? 거짓이 없으면 참도 없는 이치이다. 이러한 바탕을 모르고는 미혹할 수밖에 없다. 미혹과 거짓과 불선이 스승이 되는 도리를 안다면 어찌 미혹할 수 있겠는가? "이것이 없으면 저것도 없고, 이것이 있으면 저것도 있다."

마조馬祖가 말하기를, "도는 닦을 것이 없으니, 다만 오염汚染시키지만 말지니라" 하였다. "어찌하여 오염이라 하는가? 다만 생사生死의 마음이 있어 조작하여 외도를 지어내는 것이 오염이니라. 제 성품의 몸이 지혜인 줄만 깨우치면, 오염이라는 거짓 이름 또한 없어질 것이로다." 하시었다.

한 생각 일으켜 지혜롭다고 말할 때 이미 미혹한 것이다. 우리는 우리의 말을 통하여 자신을 잃어버리는 것을 경험한다. 언어로 표현하고 나면 이미 진실언어 이전의 상태은 놓치게 된다는 것이다.

"한 생각 일으킬 때 죄도 일어난다."

28장

도와 덕은 한 얼굴이다

知其雄 지기웅

그 수컷을 알고서

守其雌 수기자

그 암컷을 지키면

爲天下谿 위천하계

천하의 계곡이 된다.

爲天下谿 위천하계

세상의 계곡이 되면,

常德不離 상덕불리

항상하는 덕이 떠나지 않으며,

復歸於嬰兒 복귀어영아

갓난아이의 상태로 돌아가게 될 것이다.

知其白 지기백

그 흰 것을 알고서

守其黑 수기흑

그 검은 것을 지키면,

爲天下式 위천하식

천하의 본보기가 될 것이다.

爲天下式 위천하식

천하의 모범이 되면,

常德不忒 상덕불특

항상 변함없는 덕이 어긋나지 않으며,

復歸於無極 복귀어무극

무극의 상태로 돌아가게 될 것이다.

知其榮 지기영

그 영화를 알고서

守其辱 수기욕

그 욕됨을 지킨다면,

爲天下谷 위천하곡

천하의 골짜기가 될 것이다.

爲天下谷 위천하곡

천하의 골짜기가 되면,

常德乃足 상덕내족

항상하는 덕이 충족하게 되고,

復歸於樸 복귀어박

다시 다듬지 않은 통나무 상태로 돌아가게 될 것이다.

樸散則爲器 박산즉위기

통나무가 쪼개지면 그릇이 되니,

聖人用之 성인용지

성인은 이러한 이치를 써서,

則爲官長 즉위관장

곧 관의 수장이 된다.

故大制不割 고대제불할

그러므로 큰 제도는 가르지 않는다.

제28장에서 노자는 그 영화를 알고서 그 욕됨을 지킨다면, 천하의 골짜기가 되고, 항상하는 덕이 충족되며, 다듬지 않는 통나무 상태로 돌아가게 될 것이라 한다.

그 수컷을 알고서 그 암컷을 지키면 천하의 계곡이 된다. 세상의 계곡이 되면, 항상하는 덕이 떠나지 않으며, 갓난아이의 상태로

돌아가게 될 것이다.

수컷은 자신의 성품을 보는 것이며, 암컷은 생성되는 덕이다. 그렇다면 어떻게 하는 것이 성품을 보는 것이며, 덕을 지키는 것인가?

도를 알아야 덕을 행할 수 있다. 도라는 것은 자신을 보는 것이다. 자신을 보지 못하면서 어떻게 덕을 생성하겠는가?

그러므로 자신이 바로 천하의 계곡이 됨을 말한다. 계곡은 만물을 생성하고 기르는 곳이다. 덕이란 분별하는 생각을 떠나, 있는 그대로 보고 들을 줄 아는 것이니, 이러한 덕이 떠나지 않을 때 갓난아이의 상태로 돌아가는 것이다.

그 흰 것을 알고서 그 검은 것을 지키면, 천하의 본보기가 될 것이다. 천하의 모범이 되면, 항상 변함없는 덕이 어긋나지 않으며, 무극의 상태로 돌아가게 될 것이다.

그 흰 것이 분별없는 순수함이니, 이것을 알면 분별하는 마음 역시 지킬 수 있다는 것이다. 흰 것은 도의 근원이니, 이것을 알고 검은 것 _{세간} 법을 아는 것이 곧 법도이다.

또한 천하의 본보기가 자신의 순수함이니, 세상에서 인위적으로 만든 잣대는 큰 장애물이 될 뿐이다.

도가 없으면 덕은 어긋나게 된다. 유극有極은 세간 법으로 한계경계가 있게 되어 되돌아갈 수가 없다. 그러나 무극에서는 세간 법이란 것이 환幻과 같아서 지켜야 할 법이 없다. 결국에는 무극무위자연으로 되돌아가는 이치다.

그 영화를 알고서 그 욕됨을 지킨다면, 천하의 골짜기가 될 것이다. 천하의 골짜기가 되면, 항상하는 덕이 충족하게 되고, 다시 다듬지 않은 통나무 상태로 돌아가게 될 것이다. 통나무가 쪼개지면 그릇이 되니, 성인은 이러한 이치를 써서, 곧 관의 수장이 된다. 그러므로 큰 제도는 가르지 않는다.

오늘의 영화가 내일의 치욕이 됨을 모른다. 그 영화는 자신의 탐욕으로 이루어졌기 때문이다. 세상 사람들은 오직 부귀영화를 누리려고 노력하나, 필경에는 죄업의 불구덩이로 나무 섶이나 휘발유를 지고 들어가는 결과를 낳게 되는 줄 모른다.

만일 세인들이 영화의 실체를 알아서, 그 욕됨인과因果을 능히 이겨낸다면, 세상의 본보기가 된다는 것이다.

세상의 골짜기가 된다는 것은 자기 자신이 본래 타고난 천성을 체득하는 것이다. 타고난 천성에서 덕은 저절로 충족하게 되니, 이러한 덕은 스스로 돌이키는 데서 비롯된다.

예를 들어, 교활한 심지心志를 돌이키면, 귀신도 와서 머무르려고 할 것인데 하물며 사람이겠는가? 이것이 근원으로 돌아가 세상의 골짜기가 되는 까닭이다.

통나무가 쪼개지면 그릇이 되듯이, 성인이 도를 사용하면 인천人天의 스승이 된다. 성인은 마음을 쓰되 도의 이치에서 벗어나지 않아, 탐욕과 성냄과 어리석음을 늘 경계한다. 이러한 마음이 옳고 그름을 분별하지 않아 다스림에 있어서도 가르지 않는다.

그러나 미혹한 마음으로 육근을 사용하면 스스로 비천하게 된다. 세상의 뜬 이름을 탐내는 것은 부질없이 몸만 괴롭게 하는 것이며, 세상 이욕利慾을 구하여 허덕이는 것은 업業의 불에 섶을 더 얹는 것이다.

그리하여 분별심이 없으면 곧 공평해져서 만인이 따르게 된다는 것이다. 황벽선사의 〈전심법요傳心法要〉에서 "내가 천일동안 듣고 아는 것만 익히는 것이, 하루 동안 도를 배우는 것만 같지 못하다. 만일 도를 배우지 않으면 한 방울 물도 녹이기 어려우니라" 하였다.

29장

천하를 얻고자 하는 것은 탐욕이다

將欲取天下而爲之 장욕취천하이위지

장차 천하를 취하고자 작위한다면,

吾見其不得已 오견기부득이

나는 그렇게 할 수 없다는 것을 볼 뿐이다.

天下神器 천하신기

천하는 신령스런 그릇이라,

不可爲也 불가위야

작위하는 것은 불가능할 것이다.

爲者敗之 위자패지

작위하려는 자는 실패하고,

執者失之 집자실지

잡으려고 하는 자는 잃을 것이다.

故物或行或隨 고물혹행혹수

그러므로 사람들은 나아가기도 하고 뒤따라가기도 하며,

或歔或吹 혹허혹취

느리게 쉬거나 급하게 내쉬거나 하며,

或強或羸 혹강혹리

강하거나 약하기도 하며,

或挫或隳 혹좌혹휴

좌절하기도 하고 타락하기도 한다.

是以聖人 시이성인

이로써 성인은

去甚去奢去泰 거심거사거태

심한 것을 버리고 사치를 버리고 교만함을 버린다.

제29장에서 노자는 자연의 이치를 거슬러 인위적으로 얻을 수 있는 것은 좌절과 타락이라고 말한다. 그러므로 성인은 심한 것과 사치와 교만을 버린다.

장차 천하를 취하고자 작위한다면, 나는 그렇게 할 수 없다는 것을 볼 뿐이다. 천하는 신령스런 그릇이라, 작위하는 것은 불가능

할 것이다.

천하는 인간이 타고난 본성이고 무위자연이므로, 신령스런 그릇이라 한다. 그러므로 천하를 얻고자 하는 것은 탐욕이 된다. 스스로 탐욕이 일어나는 것을 알면서, 어찌 천하를 얻고자 하겠는가? 한 생각이 움직이자 곧 무너진다.

순리를 따를 줄 아는 것이 신령스런 그릇이다. 사람마다 욕심나는 대로, 하고 싶은 대로, 못할 일이 없는 것은 탐욕으로 이미 자신을 잃어버린 것이다. 그러므로 작위하는 것은 불가능하다.

작위하려는 자는 실패하고, 잡으려고 하는 자는 잃을 것이다. 그러므로 사람들은 나아가기도 하고 뒤따라가기도 하며, 느리게 쉬거나 급하게 내쉬거나 하며, 강하거나 약하기도 하며, 좌절하기도 하고 타락하기도 한다. 이로써 성인은 심한 것을 버리고 사치를 버리고 교만함을 버린다.

우리는 자신의 몸이 하고자 하는 대로 움직인다. 그러나 사실 마음이 움직이는 대로 따를 뿐이다. 그러므로 욕망을 따르는 줄 알아차리지 못하는 것이 실패하고 잃어버리는 원인이 된다.

29장 천하를 얻고자 하는 것은 탐욕이다

사람들은 쉼 없이 움직이며 욕망을 따른다. 그러나 성인은 욕망을 버리는 것이 아니라, 스스로 일어나는 욕망을 본다. 다만 몸이 하는 것을 자각하여 조율할 뿐이다. 그러므로 성인은 고집부리지 않고, 사치와 교만함을 버릴 줄 안다.

30장

도는 도리어 노쇠할수록 깊어진다

以道佐人主者 이도좌인주자
도로써 군주를 보좌하는 사람은
不以兵强天下 불이병강천하
천하를 군사강국으로 만들고자 하지 않는다.
其事好還 기사호환
그 일은 바로 돌아가기를 좋아한다.
師之所處 사지소처
군사가 주둔하던 곳엔
荊棘生焉 형극생언
가시엉겅퀴가 자라나고,
大軍之後 대군지후
큰 전쟁 뒤에는

必有凶年 필유흉년

반드시 흉년이 따르게 된다.

善有果而已 선유과이이

용병을 잘하는 사람은 성과가 있으면 그칠 뿐이다.

不敢以取强 불감이취강

감히 이로써 강병을 추구하지 않는다.

果而勿矜 과이물긍

성과를 자랑하지 말고,

果而勿伐 과이물벌

성과를 뽐내지 말고,

果而勿驕 과이물교

성과에 교만하지 않는다.

果而不得已 과이부득이

성과는 부득이하게 할 수 없어서 한 일,

果而勿强 과이물강

성과에 군림하려 하지 않는다.

物壯則老 물장즉로

만물은 혈기가 왕성해지면 노쇠하게 되니

是謂不道 시위부도

이것을 부도라고 한다.

不道무已 부도조이
도가 아닌 것은 일찍 그치게 된다.

제30장에서 노자는 도로써 군주를 보좌하면 천하를 군사강국으로 만들려고 하지 않는다고 말한다. 부득이하게 일을 할 뿐이니, 도 아닌 것은 일찍 그치게 되므로, 도는 거꾸로 노쇠할수록 깊어진다.

도로써 군주를 보좌하는 사람은 천하를 군사강국으로 만들고자 하지 않는다. 그 일은 바로 돌아가기를 좋아한다. 군사가 주둔하던 곳엔 가시엉겅퀴가 자라나고, 큰 전쟁 뒤에는 반드시 흉년이 따르게 된다. 용병을 잘하는 사람은 성과가 있으면 그칠 뿐이다.

도는 인위적인 힘으로써 세상을 지배하려고 하지 않는다. 인위적인 일의 결말을 이미 알고 있으므로 미리 욕심을 버리고자 한다. 성인은 지금의 탐욕을 일으킨 그 자리에서 되돌아가기를 잘한다.

성과를 내기 위해 군사를 일으켜 군사강국이 되더라도, 성과전승가 있으면 그칠 뿐이다.

감히 이로써 강병을 추구하지 않는다. 성과를 자랑하지 말고, 성과를 뽐내지 말고, 성과에 교만하지 않는다. 성과는 부득이하게 할 수 없어서 한 일, 성과에 군림하려 하지 않는다.

성인은 이로써 강대함을 추구하지 않는다. 강대한 힘에서 얻는 것은 성과일 뿐, 다른 어떠한 보상도 없음을 말하고 있다.

세인들은 일의 성과에 집착하여 보상이나 명예를 갖고자 한다. 그러나 도로써 군주를 보좌하는 사람은 성과를 뽐내지 않고 교만하지 않는다. 이로써 성과에 군림하려 하지 않는다.

만물은 혈기가 왕성해지면 노쇠하게 되니 이것을 부도不道라고 한다. 도가 아닌 것은 일찍 그치게 된다.

만물은 한계가 있다. 살아 숨 쉬는 것은 소멸하니, 이것은 도가 아니다. 따라서 만물은 소멸하지만 도는 불멸不滅이다. 도는 거꾸로 노쇠할수록 깊어진다.

도는 형상이나 한정된 생명이 없다. 도는 쓸수록 닳지 않고 소멸하지도 않는다. 도는 오래 쓸수록 빛이 난다. 이 말은 끊임없이 자신을 살펴나가므로 욕망을 멈출 줄 아는 것이니 영원하다. 그러므로 도 아닌 것은 일찍 그치게 된다.

부국강병을 추구하는 알렉산더와 도를 따르는 디오게네스의 대화는 우리에게 시사하는 바가 크다.

> 알렉산더 대왕이 인도를 정복하러 가던 중 디오게네스를 방문했다.
> 대왕: 난 대왕 알렉산더이다.
> 디오게네스: 난 개 같은 디오게네스다.
> 대왕: 그대는 내가 두렵지도 않은가?
> 디오게네스: 당신은 선善한 자요?
> 대왕: 그렇다.
> 디오게네스: 그리 선한 자를 내가 무엇 때문에 두려워해야 하오?
> 대왕: 그대가 원하는 것은 무엇이든 들어줄 수 있으니 말해보라.
> 디오게네스: 햇빛이나 가리지 말고, 옆으로 조금만 비켜주면 좋겠소.

알렉산더가 정복한 그 넓은 영토는 이미 사라졌지만, 도를 밝히고 있는 이들의 일화는 영원히 남는다.

31장

승리를 미화하는 것은 살인을 즐기는 것이다

夫佳兵者 부가병자
대개 우수한 병기라는 것은

不祥之器 불상지기
상서롭지 못한 기물이어서,

物或惡之 물혹오지
그러한 물건을 항상 싫어한다.

故有道者不處 고유도자불처
그러므로 도가 있는 자는 그것에 처하지 않는다.

君子居則貴左 군자거즉귀좌
군자가 거주할 때는 곧 왼쪽을 귀히 여기고,

用兵則貴右 용병즉귀우
용병을 부릴 때에는 오른쪽을 귀히 여긴다.

兵者不祥之器 병자불상지기

병기란 상서롭지 못한 기물이고,

非君子之器 비군자지기

군자의 기물은 아니며,

不得已而用之 부득이이용지

부득이한 경우에만 그것을 사용하더라도,

恬淡爲上 염담위상

초연함과 담담한 것을 최상으로 삼는다.

勝而不美 승이불미

승리하더라도 이를 미화하지 않으며,

而美之者 이미지자

이를 미화한다는 것은

是樂殺人 시락살인

살인을 즐거워하는 것이다

夫樂殺人者 부락살인자

대저 살인을 즐거워하는 사람은

則不可得志於天下矣 즉불가득지어천하의

곧 천하의 뜻을 얻지 못한다.

吉事尙左 길사상좌

길한 일이 있을 때는 왼쪽을 높이고

凶事尙右 흉사상우

흉한 일이 있을 때는 오른쪽을 높인다.

偏將軍居左 편장군거좌

편장군은 왼쪽에 위치하고

上將軍居右 상장군거우

상장군은 오른쪽에 위치한다.

言以喪禮處之 언이상례처지

이는 상례로써 처신함을 말한다.

殺人之衆 살인지중

살인을 많이 하면,

以哀悲泣之 이애비읍지

슬피 울어 이를 애도하고,

戰勝以喪禮處之 전승이상례처지

전쟁에서 승리하더라도 이를 상례로 처리한다.

제31장에서 노자는 도가 있는 자는 상서롭지 못한 기물을 싫어한다고 한다. 부득한 경우 사용하더라도 방어만 할 뿐 초연함과 담담한 것을 최상으로 삼는다.

대개 우수한 병기라는 것은 상서롭지 못한 기물이어서, 그러한 물건을 항상 싫어한다. 그러므로 도가 있는 자는 그것에 처하지 않는다.

우수한 병기란, 탐욕의 힘으로 사람을 위태롭게 하는 것이니, 탐욕의 성과는 결국 자신을 망치는 것이라. 어찌 성인이 좋아하겠는가? 도가 있는 자는 아무리 뛰어난 병기로써 천하를 호령한다 해도, 부득이하게 사용하는 것일 뿐이다. 그러므로 그러한 곳에는 머무르지 않는다고 한다.

군자가 거주할 때는 곧 왼쪽을 귀히 여기고, 용병을 부릴 때에는 오른쪽을 귀히 여긴다. 병기란 상서롭지 못한 기물이고, 군자의 기물은 아니며, 부득이한 경우에만 그것을 사용하더라도, 초연함과 담담한 것을 최상으로 삼는다.

군자가 왼쪽동쪽을 귀하게 여기는 것은 사람의 생명을 귀하게 여기는 것과 같고, 상장군이 오른쪽서쪽을 귀하게 여기는 것은 생명보다는 권력의 힘을 귀하게 여기는 것과 같다. 이는 생명을 희생하더라도 전쟁에서의 승리를 귀하게 여기는 것이다. 이러한 일은 군자의 소임을 저버리는 것이라고 한다.

다만 침략을 받았을 때에는 부득이하게 병기를 사용하되 적을 막을 뿐, 살생을 목적으로 하지 않음을 말한다. 그리하여 초연함과 담담한 것을 최상으로 삼는다.

승리하더라도 이를 미화하지 않으며, 이를 미화한다는 것은 살인을 즐거워하는 것이다. 대저 살인을 즐거워하는 사람은 곧 천하의 뜻을 얻지 못한다.

군자는 대승을 하여도 의기양양하여 찬미하지 않는다. 승리를 미화하는 것은 곧 살인을 즐기는 것이다.

도는 군자와 소인을 분별하지 않는다. 범부는 바깥 경계에만 끌려가고, 성인은 바깥 경계 욕망에 끌려가는 마음을 본다.

그러므로 바깥 경계에만 끌려가는 것이, 마치 목마른 사슴이 허공의 아지랑이를 물로 착각하는 것과 같고, 마음을 붙잡으려 하는 것은 원숭이가 물에 비친 달을 잡으려는 것과 같다. 경계와 마음을 붙잡으려 하는 것은 서로 다르기는 하지만, 허물이기는 마찬가지다.

세인들은 유위의 법을 부지런히 애착하나, 천하의 뜻은 얻지 못한다. 성인이 무상無相의 법을 말해주면 멍청하게 들을 뿐이다. 마음이 어리석어 세상의 작은 쾌락을 탐하다가 오는 세상의 고통을 깨닫지 못한다. 그러므로 세상의 민심을 얻을 수가 없어 천하의 뜻을 얻지 못한다.

길한 일이 있을 때는 왼쪽을 높이고 흉한 일이 있을 때는 오른쪽을 높인다. 편장군은 왼쪽에 위치하고 상장군은 오른쪽에 위치한다. 이는 상례로써 처신함을 말한다. 살인을 많이 하면, 슬피 울어 이를 애도하고, 전쟁에서 승리하더라도 이를 상례로 처리한다.

편장군은 하급 장수로, 왼쪽에 있는 것이 군대의 질서다. 높을수록 오른쪽에 자리를 잡는 것은 전쟁이 일상생활과 반대되는 흉사이므로, 망자에 대한 원한을 달래는 상례로써 처신하는 것이다.

전쟁에서 이기는 행위 자체가 살인이다. 그러므로 승리를 축하하는 것이 아니라, 죽음을 애도하여 전쟁의 의미를 되새기게 한다.

그리고 이 말은 전쟁에 이긴 것보다 원한을 더 두려워한 것으로 봐야 한다.

32장

변화와 부동은 도의 한 얼굴이다

道常無名 도상무명
도는 본래 이름이 없으니,

樸雖小 박수소
질박하고 작지만,

天下莫能臣也 천하막능신야
천하가 능히 도를 신하로 부릴 수 없다.

侯王若能守之 후왕약능수지
후왕이 만약 능히 도를 지킬 수 있다면,

萬物將自賓 만물장자빈
만물이 장차 스스로 복종할 것이다.

天地相合 천지상합
하늘과 땅이 서로 합하여

以降甘露 이강감로

단 이슬을 내리듯이

民莫之令而自均 민막지령이자균

백성들은 명령하지 않아도 저절로 가지런하다.

始制有名 시제유명

처음으로 이름을 지으니,

名亦旣有 명역기유

이름이 이미 있다면,

夫亦將知止 부역장지지

그 또한 장차 멈출 줄도 알아야 하고,

知止可以不殆 지지가이불태

멈출 줄을 알면 위태롭지 않을 것이다.

譬道之在天下 비도지재천하

비유하자면 도가 천하에 존재하듯이,

猶川谷之於江海 유천곡지어강해

마치 개천과 계곡의 물이 강이나 바다로 흘러듦과 같다.

제32장에서 노자는 1장에 이어 도에 정해진 이름이 있는 것이 아니라고 말한다. 도의 작용이 저절로 일어나는 것이 마치 계곡의 물이 바다로 흘러 들어가는 것과 같다고 한다.

> 도는 본래 이름이 없으니, 질박하고 작지만, 천하가 능히 도를 신하로 부릴 수 없다. 후왕이 만약 능히 도를 지킬 수 있다면, 만물이 장차 스스로 복종할 것이다.

도의 이름이 늘 변화하는 것은 우리의 마음이 늘 변화하는 것과 같다. 변화動와 부동不動은 도의 한 얼굴이므로, 도는 변화가 없는 부동이지만 항상 변화한다. 그러므로 만일 변화를 모른다면 이미 죽은 도이다.

노자가 도를 질박하고 작다고 한 것은, 질박한 통나무를 다듬지 않은 자연 그대로를 말하는 것이며, 물과 공기처럼 살아가는 데 필수적이지만 볼 수 없어 작다고 비유한 것이다. 도는 곧 우리의 작은 몸과 마음에서 비롯되지만, 도의 작용은 온 세상을 덮고도 남음이 있다.

세상은 욕망의 덩어리다. 만일 누가 와서 해롭게 하더라도 마음을 단속하여, 성내거나 원망하지 않으며, 이기려 하지 않는 것이 왕 노릇이다. 한 생각 성내는 그때 온갖 장애의 문이 열리는 까닭이다.

그러므로 후왕이 도를 알고 도를 지킬 수 있다면, 능히 세상 위에서 군림할 수 있다. 후왕이 스스로 욕망을 보고도 움직이질 않아서 능히 도를 지킬 수 있다면, 만물이 스스로 복종하지 않을 수 없다는 것이다.

하늘과 땅이 서로 합하여 단 이슬을 내리듯이 백성들은 명령하지 않아도 저절로 가지런하다.

천지가 화합한다는 것은 정신과 몸이 자연의 이치를 따라 하나 됨을 말한다. 정신과 몸이 화합한다는 것은 몸에 대하여 애착하지 않고, 마음을 단정히 지니고, 순박하고 단정하여 어떤 경계를 만나도 걸림이 없는 것이며, 이것을 단 이슬이라 한다.

몸과 마음이 화합하여 저절로 존재하고 변화하는 줄 안다면, 백성들은 위기를 맞으면 누가 명령하지 않아도 스스로 가지런한 것이, 마음에 변화가 있어도 변화에 매이지 않는 것이다.

처음으로 이름을 지으니, 이름이 이미 있다면, 그 또한 장차 멈출 줄도 알아야 하고, 멈출 줄을 알면 위태롭지 않을 것이다.

만물에 이름이 생기자 분별이 생겼고, 이름을 따라 분별이 생기자 욕망이 생겼다. 이름 그 자체는 한계가 있듯이, 이름 따라 생

긴 욕망 역시 한계가 있다. 그러므로 장차 멈출 줄도 알아야 한다고 한 것이다.

도는 인생의 가장 근원적인 문제를 해결한다. 그러나 현상적인 차별계의 상대성을 초월하지 않으면 멈출 수가 없을 것이다. 끝이 있는 것을 가지고 끝이 없는 것을 추구하게 되면 위태로울 뿐이다.

선善을 행하되 명예에 가까이 가지 말며, 악을 행하되 형벌에 가까이 가지 말아야 한다는 것이다.

비유하자면 도가 천하에 존재하듯이, 마치 개천과 계곡의 물이 강이나 바다로 흘러듦과 같다.

도가 천하를 한 맛으로 만드는 것은, 우리가 찰나 찰나에 일으킨 생각이 강을 이루어, 곧 바다로 흘러들어가 한 맛을 내는 것과 같다. 한 맛이란 선과 악이라는 두 생각이 강을 따라 바다를 만나 도라는 이름으로 하나가 됨을 말한다.

도의 작용이 끝이 없는 것은 생각 또한 끝이 없기 때문이다. 끝이 없는 줄 아는 것이 경계를 보면서 경계 없음으로 들어가는 것이다.

33장

밝음으로써 지혜를 드러낸다

知人者智 지인자지
남을 아는 것이 지혜라면,

自知者明 자지자명
자신을 아는 것이 밝음이다.

勝人者有力 승인자유력
남을 이기는 사람은 힘이 있지만,

自勝者强 자승자강
자신을 이기는 사람은 강하다.

知足者富 지족자부
만족할 줄 아는 사람은 부유하고,

强行者有志 강행자유지
강함을 행하는 사람은 뜻이 있다.

不失其所者久 부실기소자구

그 자신이 있는 곳을 잃지 않는 사람은 오래가고,

死而不亡者壽 사이불망자수

죽더라도 자신을 잃지 않는 사람은 천수를 누린다.

제33장에서 노자는 남을 아는 것이 지혜이고, 자신을 아는 것이 밝음이라고 한다. 자신을 이기는 사람은 자기 자신을 잃지 않으므로 천수를 누린다고 한다.

남을 아는 것이 지혜라면, 자신을 아는 것이 밝음이다.

자신을 안다는 것은 자신의 허물을 보고 훤히 드러내는 것이므로 밝음이라 한다. 남을 안다는 것은 나의 허물을 알기 때문에 도리어 남의 허물을 덮어주는 것이므로 지혜라고 한다. 스스로의 심성心性을 보지 못하면서 남을 보는 것은 역시 자신의 어두움으로 보는 것이다.

그러므로 지혜는 말만 배워서 말할 때에는 깨친 것 같지만, 실지 경계에 부딪치면 곧 미혹하게 되는 것이다. 이른바 밝음은 말과 행동이 다르지 않아서, 자신을 늘 경계하여 남을 볼 때도 자신을 보는 것이다.

남을 이기는 사람은 힘이 있지만, 자신을 이기는 사람은 강하다.

힘으로 남을 이기려 하는 것은 권력이나 돈 등에 의지하려는 것이다. 이기려 하므로 남과 나를 내세워 비교하려 한다. 그러나 강함은 두려움이 없는 것이다. '나'라는 생각이 있으면 두려움이 일어나고, 핍박이나 모욕을 이기지 못한다. 그러므로 자신을 알지 못하면 스스로 무너지게 된다.

강함은 이기거나 무너짐이 없는 줄 아는 것이다. 이를 일러 상구보리 하화중생 上求菩提 下化衆生 이라 한다.

만족할 줄 아는 사람은 부유하고, 강함을 행하는 사람은 뜻이 있다.

아무리 재물이 많아도 만족을 모르면 가난하다. 마땅히 만족할 줄 알 때, 그 자체로 이미 부유한 것이다. 그 즉시 도를 아는 것이다.

뜻이란 도를 아는 것이며, 도를 아는 사람은 강함을 행하는 사람이다. 따라서 실천할 수 없는 도는 결국 도를 모르는 것이다.

그 자신이 있는 곳을 잃지 않는 사람은 오래가고, 죽더라도 자신을 잃지 않는 사람은 천수를 누린다.

그 자신이 있는 곳이 지금 한 생각을 일으킨 곳이다. 스스로 일으킨 생각을 안다면, 문득 자신이 있는 곳을 안다. 이것을 잃어버리지 않는다면, 처해져 있는 곳을 알게 될 것이다. 그러므로 몸과 마음을 조심하여 겸손할 줄 알면 오래갈 수 있다는 것이다.

죽더라도 자신을 잃지 않는 사람은 도를 아는 사람이다. 만약 생사生死를 알고자 한다면, 모름지기 한 생각을 문득 깨뜨려야만 비로소 생사를 벗어난다고 한다. 그러므로 죽더라도 죽지 않으므로 천수를 누리는 것이다.

자신의 경험이나 아는 것으로 삶을 산다는 것은 늘 위태롭다. 그러나 노자는 무위자연의 이치를 깨달아, 도의 경지로 나아가는 사람은 천수를 누린다고 한다.

34장

빛은 차별 없이 어둠을 밝힌다

大道氾兮 대도범혜

큰 도가 넘쳐 있음이여!

其可左右 기가좌우

그것이 가히 상하좌우로 넘쳐흐른다.

萬物恃之而生而不辭 만물시지이생이불사

만물은 도에 의지하여 생성하지만 도는 말이 없고,

功成不名有 공성불명유

공을 이루고도 자기 이름을 드러내려 하지 않으며,

衣養萬物而不爲主 의양만물이불위주

만물에게 옷을 입히고 기르지만 주인 노릇하려 하지 않는다.

常無欲 상무욕

언제나 하고자 하는 것이 없으니

可名於小 가명어소
가히 작다 이름할 수 있다.

萬物歸焉 만물귀언
만물이 도에 돌아가지만

而不爲主 이불위주
주인 노릇하려 하지 않으니

可名爲大 가명위대
가히 크다 이름할 수 있다.

以其終不自爲大 이기종부자위대
이로써 끝내 스스로 크다 하지 않으므로

故能成其大 고능성기대
능히 그 큼을 이룰 수 있는 것이다.

제34장에서 노자는 큰 도는 크다 하지 않으며, 만물 속에 작용하지 않음이 없음을 말하고, 끝내 스스로 크다 하지 않으므로 능히 그 큼을 이룰 수 있는 것이라 말한다.

큰 도가 넘쳐 있음이여! 그것이 가히 상하좌우로 넘쳐흐른다.

큰 도는 보이지 않지만 만물 속에서 작용하지 않음이 없다. 우리가 이 도의 작용을 알 때, 육근六根을 마음대로 좌지우지하는 것이다. 이를 일러 천지사방, 상하좌우로 넘쳐흐른다고 말한다.

만물은 도에 의지하여 생성하지만 말이 없고, 공을 이루고도 자기 이름을 드러내려 하지 않으며, 만물에게 옷을 입히고 기르지만 주인 노릇하려 하지 않는다.

큰 도는 빛과 같아서 차별 없이 어둠을 밝힌다. 도를 아는 사람은 오직 자기를 관조할 뿐이다. 그러므로 만물이 도에 의지해 생성한다는 것은, 만물을 생성하는 자가 누구인가를 안다는 것이다. 이 빛을 알음알이로 분별하면 곧 어두워진다.

도는 만물의 주인이나, 주인 행세를 하지 않는다. 도를 구하는데 붙잡히면 도에 얽매이게 되고, 성인을 구하는데 붙잡히면 성인에 얽매이게 된다. 만물을 구하려는 것 자체가 고통의 원인이다. 만물에게 의미를 부여하지만 주장이나 편견을 가지지 않는 것이 주인 노릇하지 않는 것이다.

언제나 하고자 하는 것이 없으니 가히 작다 이름할 수 있다. 만

만물이 도에 돌아가지만 주인 노릇하려 하지 않으니 가히 크다 이름할 수 있다.

도 자체에는 하고자 하는 것이 없다. 그러므로 작아 보일 수 있다. 그러나 도는 있고 없는 곳에 머물지 않는다.

만물은 육근六根으로 보고, 듣고, 맛보는 경계를 만들지만, 도는 주인으로서 경계에 좋다, 나쁘다 라는 분별하는 생각이 없으니, 보이지 않아 작다 이름할 수 있다.

도는 만물 속에 있으면서 만물로부터 자유로우니 크다 이름한다.

이로써 끝내 스스로 크다 하지 않으므로, 능히 그 큼을 이룰 수 있는 것이다.

성인은 도의 작용을 걸림 없이 크게 사용하지만 크다 하지 않는다. 성인의 도는 공을 이루고도 자신의 허물을 살필 뿐이다.

그럼에도 능히 그 큼을 이룰 수 있는 것은 인간의 욕망과 걱정과 근심이 모두 마음의 작용임을 알아서 걸림이 없기 때문이다. 이로써 그 큼을 이룰 수 있는 것이다. 이것이 일체유심조一切唯心造의 도리를 아는 것이다.

35장

도는 마음을 통하여 천하를 왕래한다

執大象 집대상

큰 형상을 잡고 있으면서

天下往 천하왕

천하를 왕래하고

往而不害 왕이불해

나아가도 해가 되지 않으니,

安平太 안평태

평온하고 태평하다.

樂與餌 락여이

음악과 더불어 맛난 음식은

過客止 과객지

지나가는 나그네를 멈추게 한다.

道之出口 도지출구

입으로 도를 말하더라도,

淡乎其無味 담호기무미

도 자체는 담담하구나. 그 맛이 없구나.

視之不足見 시지부족견

도를 보려 해도 족히 보지 못하고,

聽之不足聞 청지부족문

도를 들으려 해도 족히 들리지 않으며,

用之不足旣 용지부족기

도를 쓰려 해도 족히 다하지 못한다.

제35장에서 노자는 인간에게 도를 배제하고 나면, 보고 듣고 하는 마음이 제대로 작동할 수 없음을 말한다. 도는 보려 해도 족히 보지 못하고, 들으려 해도 족히 들리지 않으며, 쓰려 해도 족히 다하지 못한다. 도는 형상이 없으며, 말로 표현할 수 없기 때문이다.

큰 형상을 잡고 있으면서 천하를 왕래하고 나아가도 해가 되지 않으니, 평온하고 태평하다.

큰 형상을 잡는다는 것은 도의 심량心量이 광대하고 법계에 가득하므로, 쓰면 곧 뚜렷하고 분명해서 응용하는 대로 가고오매 자유로워, 마음 그 자체에 가리어 막힘없음을 말한다. 큰 도는 세상일에 걸림이 없으므로 평온하고 태평하다.

그러나 도를 모르고 산다면, 우리의 마음이 어리석어져서 곧잘 분노하고 통제하기가 어렵다. 판단을 하면서도 그 근거를 알지 못하여, 자신의 아집我執에 갇혀서 남과 나를 괴롭히면서, 고통 속에서 벗어나기가 힘이 들어 평온함을 얻을 수 없다.

음악과 더불어 맛난 음식은 지나가는 나그네를 멈추게 한다. 입으로 도를 말하더라도 도 자체는 담담하구나. 그 맛이 없구나. 도를 보려 해도 족히 보지 못하고, 도를 들으려 해도 족히 들리지 않으며, 도를 쓰려 해도 족히 다하지 못한다.

형상이나 소리로는 도를 볼 수도 들을 수도 쓸 수도 없다. 그럼에도 듣는 줄도 모르고 듣고 있으며, 함께 하는 줄도 모르고 함께 하며, 사용하는 줄도 모르고 쓰고 있다.

도 그 자체에는 어떠한 맛도 없는데, 만일 우리가 타고난 무위자연의 도가 없다면 감각기관이 무엇에 의지하여 눈과 귀에서 오는 형색과 음성을 보고 듣겠는가?

  무위자연의 도가 있는 까닭으로 능히 생각을 일으킬 수 있다. 도가 없다면 치매나 혼수상태의 사람이 눈과 귀를 어떻게 쓸 수 있겠는가? 눈이 무엇을 보는지, 귀가 무엇을 듣는지 알 수 없어서 보이는 대로 들리는 대로 끝없는 시비와 선악을 일으킨다. 이러한 까닭에 도를 쓰려 하나, 도의 진위를 모르니 어찌 족히 다하겠는가?

36장

무엇이 사람과 경계를 모두 빼앗지 않는 것입니까

將欲歙之 장욕흡지

장차 그것을 구부리고자 하면,

必固張之 필고장지

반드시 펼쳐져 있어야 한다.

將欲弱之 장욕약지

장차 약하게 하고자 하면,

必固强之 필고강지

반드시 강해져 있어야 한다.

將欲廢之 장욕폐지

장차 그것을 없애고자 하면,

必固興之 필고흥지

반드시 흥해 있어야 한다.

將欲奪之 장욕탈지

장차 그것을 빼앗고자 하면

必固與之 필고여지

반드시 주어져 있어야 한다.

是謂微明 시위미명

이것을 일러 미묘한 밝음이라 한다.

柔弱勝剛強 유약승강강

부드럽고 약함이 굳세고 강함보다 뛰어나니,

魚不可脫於淵 어불가탈어연

물고기가 연못을 벗어날 수 없듯이,

國之利器 국지리기

나라의 예리한 무기는

不可以示人 불가이시인

다른 사람들에게 보여줄 수 없다.

제36장에서 노자는 하나를 성립하고자 하면 반드시 다른 하나가 필요하다고 말한다. 악함이 있어야 선함이 성립하기 때문이며, 이것을 미묘한 밝음이라 한다. 부드럽고 약함이 굳세고 강함을 이긴다는 것을 아는 지혜가 예리한 도의 무기이며, 다른 사람

들에게 보여줄 수 없다고 한다.

> 장차 그것을 구부리고자 하면, 반드시 펼쳐져 있어야 한다. 장차 약하게 하고자 하면, 반드시 강해져 있어야 한다. 장차 그것을 없애고자 하면, 반드시 흥해 있어야 한다. 장차 그것을 빼앗고자 하면, 반드시 주어져 있어야 한다. 이것을 일러 미묘한 밝음이라 한다.

주고받는 대화 없이는 적어도 인간의 삶은 성립되지 않듯이, 도를 가지고 대화를 한다는 것은 대법對法을 취하지 않을 수 없다. 그렇다면 왜 대법을 취하는가?

흡과 장, 강과 약, 폐와 흥, 탈과 여 등은 한결 같이 쌍을 이루어 모두 대법을 취하므로, 주고받으면서 서로 원인이 된다. 서로가 원인이 되어, 한쪽이 제거되면 다른 한쪽도 제거되므로, 대법은 강함이 없으면 약함도 없으니, 어느 한쪽을 일으키지 않으면 다른 한쪽도 일어나지 않는 도리이다.

우리는 상대방의 마음을 빼앗고자 하면, 먼저 줘야 한다. 줄 때 상대방이 의도하는 바를 먼저 아는 것이 우선이다. 이 의도하는 바가 유위법이며, 이 유위법이 곧 무위법임을 보여주는 것이 대법이다.

미명微明이란 어두운 것을 가지고 밝은 것을 드러내는 것이다. 도가 구경究竟에는 이법二法을 다 제거시키는 것이 미묘한 밝음이며, 무위법이다. 따라서 마음속에서 집착함이 없는 것이 밝음이다.

나아가 대법도 제거시키는 것을 선禪에서는 종탈從奪법이라고 한다. 도 역시 사람의 마음을 빼앗는 것이다. 빼앗는다는 말은 그 사람이 묻기도 전에 이미 그 생각을 알아채고, 그 의도를 따라주는 것이다. 따라주는 것이 빼앗는 것이 되므로, 종탈법이라 한다.

부드럽고 약함이 굳세고 강함보다 뛰어나니, 물고기가 연못을 벗어날 수 없듯이, 나라의 예리한 무기는 다른 사람들에게 보여줄 수 없다.

물고기가 연못을 벗어나면 죽는다는 사실을 우리는 잘 알고 있다. 그러나 사람이 자연을 벗어나면 죽는다는 사실을 잊고 산다. 무위자연에서 보면, 판단, 강요, 비난, 편견 등은 들어설 여지가 없다. 그럼에도 불구하고 인간은 끝없는 편견 등을 삶이라 착각한다.

나라의 예리한 무기란 무엇인가? 여기서는 개개인의 경계를 자신의 나라 즉 국토로 보아야 할 것이다. 우리는 대부분 자신의 심성을 알려고 하지 않는다. 다만 자신의 이기적 사유가 바로 자기 자신이라고 믿고 있지만 사실 무위자연의 도가 자신의 본래 모습인 줄 모른다.

따라서 노자는 도의 예리한 무기를 감추고자 한다. 이것은 형상으로 보여 줄 수 없으며 말로도 표현할 수 없으므로, 묘한 작용을 다른 사람에게 보여 줄 수 없다고 한다.

37장

무위자연의 본질은 무위이며 무불위이다

道常無爲而無不爲 도상무위이무불위

도는 항상 함도 없고 하지 않음도 없다.

侯王若能守之 후왕약능수지

후왕이 만약 능히 그것을 지킨다면

萬物將自化 만물장자화

만물은 스스로 변화할 것이다.

化而欲作 화이욕작

스스로 변하는데 작위하고자 하면,

吾將鎭之以無名之樸 오장진지이무명지박

나는 장차 무명의 질박함 통나무 으로써 억누를 것이다.

無名之樸 무명지박

무명의 통나무가

夫亦將無欲 부역장무욕

역시 장차 욕심을 없앨 것이다.

不欲以靜 불욕이정

욕심이 없어짐으로써 고요해지고,

天下將自定 천하장자정

천하가 저절로 안정될 것이다.

제37장에서 노자는 도의 무위와 무불위를 말한다. 인간의 본성이 본래 무위자연과 다르지 않다. 그리하여 도는 모름지기 통해서 흐르게 할지언정, 어찌 도리어 걸리고 막히게 하겠는가?

도는 항상 함도 없고 하지 않음도 없다. 후왕이 만약 능히 그것을 지킨다면 만물은 스스로 변화할 것이다. 스스로 변하는데 작위하고자 하면, 나는 장차 무명의 질박함 통나무으로써 억누를 것이다.

마음이 법에 머무르지 아니하면 도가 곧 통하여 흐르고, 마음이 만약 법에 머무르면 일컬어 자박 自縛이라 한다.

도는 등불 같아서 등은 이 빛의 몸이요, 빛은 이 등의 작용인 것이다. 그러므로 도는 하는 일이 없지만, 하지 못하는 것 또한 없다.

노자는 무위자연의 본질을 항상 작위를 정화하는 자체로 본다. 설사 욕심이 일어나지만, 능히 심성의 본질로써 스스로 돌이켜봄으로 정화할 수 있는 능력을 발휘할 수 있음을 밝히고 있다. 이것이 곧 무명의 질박함으로 억누르는 것이다.

요堯임금이 순舜임금에게 선양禪讓한 것은, 요가 자기 마음대로 천하를 물려준 것이 아니라, 하늘이 주고 백성이 준 것이다. 요는 사사로운 욕심을 버리고 천하를 위한 것으로, 무위자연을 따른다.

무명의 통나무가 역시 장차 욕심을 없앨 것이다. 욕심이 없어짐으로써 고요해지고, 천하가 저절로 안정될 것이다.

박撲이란 이름 없는 통나무 자체이며, 마음의 질박한 모습이다. 이것이 도의 모습이다.

욕심은 본래 우리 마음속에 존재하는 것이 아니라, 바깥의 경계에 의하여 스스로 일으켜 만든 것이다. 그러므로 스스로 돌이켜서, 자신이 어떤 경계에 처하여 있는지를 관조觀照한다면, 순간적으로 욕심이 없어진다. 관조하는 것 자체가 정화하는 것이다.

    버리고 구함이 모두 심성을 더럽힌다. 미혹된 마음으로 도를 닦음은 다만 무명無明만 키울 뿐이다. 마음은 무위자연으로 보면, 욕심이 일어날 때 고요함을 얻는다. 그러므로 천하를 안정하게 하는 것은 곧 나 자신이 스스로 안정을 찾을 때일 것이다.

38장

덕을 잃지 않으려고 하는 것이 욕망이다

上德不德 상덕불덕

최상의 덕은 덕이 아니다.

是以有德 시이유덕

이로써 덕이 있다.

下德不失德 하덕부실덕

최하의 덕은 덕을 잃어버리지 않으려고 하는 것이다.

是以無德 시이무덕

이로써 덕이 없다.

上德無爲而無以爲 상덕무위이무이위

최상의 덕은 무위이고, 그로써 하고자 함이 없고,

下德爲之而有以爲 하덕위지이유이위

최하의 덕은 함이 있고, 그로써 하고자 함이 있다.

上仁爲之而無以爲 상인위지이유이위

최상의 인은 함이 있고, 그로써 하고자 함이 없다.

上義爲之而有以爲 상의위지이유이위

최상의 의는 함이 있고, 그로써 하고자 함이 있다.

上禮爲之而莫之應 상례위지이막지응

최상의 예는 함이 있고, 그에 응하지 않으면,

則攘臂而扔之 즉양비이잉지

곧 팔을 걷어붙이고 억지로 끌어당긴다.

故失道而後德 고실도이후덕

그러므로 도를 잃은 후에 덕이 있고,

失德而後仁 실덕이후인

덕을 잃은 후에 인이 있으며,

失仁而後義 실인이후의

인을 잃은 후에 의가 있고,

失義而後禮 실의이후례

의를 잃은 후에 예가 있다.

夫禮者 부례자

대저 예라는 것은

忠信之薄 충신지박

충성과 신의가 엷어진 것이며,

而亂之首 이난지수

혼란의 시작이다.

前識者 전식자

미리 아는 것은

道之華 도지화

도의 꾸밈꽃이며,

而愚之始 이우지시

어리석음의 시작이다.

是以大丈夫處其厚 시이대장부처기후

이로써 대장부는 그 후덕함에 처하고,

不居其薄 불거기박

그 경박함에 머물지 않는다.

處其實不居其華 처기실불거기화

그 진실에 처하고, 그 꾸밈에 머물지 않는다.

故去彼取此 고거피취차

그러므로 후자를 버리고 전자를 택한다.

제38장은 덕경德經의 시작이다. 덕은 도道와 분리되지 않는다. 노자는 덕을 통해 유교의 인·의·예가 도의 꾸밈이라 하고, 이것이 생기자 어리석음이 시작된다고 말한다. 도를 모르고 어찌 최

상의 덕을 논하겠는가? 이로써 대장부는 그 후덕함에 처하고, 그 경박함에 머물지 않는다고 한다.

최상의 덕은 덕이 아니다. 이로써 덕이 있다. 최하의 덕은 잃어버리지 않으려고 하는 것이다. 이로써 덕이 없다. 최상의 덕은 무위이고, 그로써 하고자 함이 없고, 최하의 덕은 함이 있고, 그로써 하고자 함이 있다.

최상의 덕이란 무엇인가? 도에 즉하여 일어나는 생각을 돌이키는 것이다. 이로써 최상의 덕은 하고자 하는 바가 없으므로 무위라 하고, 덕이라는 상相을 버리어 오롯한 상을 비춘다. 최하의 덕이란 무엇인가? 덕을 잃지 않으려고 하는 것이며, 덕을 얻고자 하는 욕망이다. 그렇기 때문에 최하의 덕이 되는 것이다. 그로써 하고자 하는 바가 있다.

심성의 진실한 묘용을 늘 보게 되면, 이를 일컬어 무위의 공덕功德이라 한다. 본체가 공이고 작용이 덕이라 하지만, 늘 함께 작용한다. 다만 안으로 마음을 겸손하게 낮추는 이것이 공功이요, 밖으로 예禮를 행하는 그것을 덕德이라 한다. 마음 바탕에 생각을 여의는 것이 덕이며, 스스로 자신의 심성을 여의지 않는 것이 공들이는 것이라 한다.

그러므로 행위를 하되 자신의 본래 심성을 여의지 않기만 하면, 문득 최상의 덕행을 하는 것이다. 최하의 덕은 무위의 본바탕을 여의고 덕을 베풀고자 하는 데서 생긴다.

최상의 인은 함이 있고, 그로써 하고자 함이 없다. 최상의 의는 함이 있고, 그로써 하고자 함이 있다. 최상의 예는 함이 있고, 그에 응하지 않으면, 곧 팔을 걷어붙이고 억지로 끌어당긴다.

인仁은 근원을 말하고, 의義는 드러난 것을 말하며, 예禮는 형식화된 것을 말한다.

인仁에 하고자 함이 있는 것은 근본 바탕에 힘쓰는 것으로, 하고자 함이 없는 것이다. 의로움義이란 진리에 맞는 올바른 도리로써 가치를 가진다. 그로써 하고자 함이 있는 것이다. 예禮는 올바른 사회의 규범이다. 이 질서는 모든 삶의 영역에 침투하는 문명의 강력한 힘이다. 그로써 함이 있는 것이다.

그러므로 도를 잃은 후에 덕이 있고, 덕을 잃은 후에 인이 있으며, 인을 잃은 후에 의가 있고, 의를 잃은 후에 예가 있다. 대저 예

라는 것은 충성과 신의가 엷어진 것이며, 혼란의 시작이다. 미리 아는 것은 도의 꾸밈꽃이며, 어리석음의 시작이다.

노자는 도의 중요성을 일깨우고 있다. 도가 없다면 덕이 무슨 소용이 있겠는가? 인의예라는 것은 실체 없는 사상누각沙上樓閣에 불과하다. 그러므로 인간은 자기 자신의 본래 타고난 천성을 알지 못하면, 인·의·예는 도의 꾸밈이며 어리석음의 시작이다.

인간은 자기 자신을 인식된 단어인·의·예로 자신을 꾸미려 한다. 필경에는 이러한 착각으로, 자신의 본질을 잃어버리는 엄청난 폐단으로 혼란에 빠진다.

성인이 앞으로 일어날 일을 어찌 모르겠는가? 다만 안다는 생각을 드러내자마자 어리석어지니, 노자는 이것을 경계한 것이다.

이로써 대장부는 그 후덕함에 처하고, 그 경박함에 머물지 않는다. 그 진실에 처하고, 그 꾸밈에 머물지 않는다. 그러므로 후자를 버리고 전자를 택한다.

도는 경박함에 머무르지 않으니, 한 생각 일어날 때마다 자신이 안다는 생각을 일으키는 줄 보는 것이다. 이것을 도의 후덕함

이라 한다. 그리하여 늘 일어나는 생각을 경계하여 꾸밈에 머물지 않는다. 그러므로 인의예를 버리고 도를 택한다고 한다.

39장
하늘이 하나를 잃음으로 얻는 것은 혼란이다

昔之得一者 석지득일자
옛날에 '하나'를 얻은 자가 있어,

天得一以淸 천득일이청
하늘에는 하나가 있어 맑고,

地得一以寧 지득일이녕
땅에는 하나가 있어 편안하고,

神得一以靈 신득일이령
신에는 하나가 있어 신령스럽고,

谷得一以盈 곡득일이영
골짜기에는 하나가 있어 채워지고,

萬物得一以生 만물득일이생
만물에는 하나가 있어 생성하고,

侯王得一以爲天下貞 후왕득일이위천하정

후왕에게는 하나가 있어 천하의 바름을 삼았으니,

其至之一也 기지지일야

그 하나가 이르게 한 것이다.

天無以淸 천무이청

하늘 자체에는 맑음이 없는 까닭에

將恐裂 장공렬

장차 큰 변화가 일어나는 것을 두려워한다.

地無以寧 지무이녕

땅 자체에는 편안함이 없는 까닭에

將恐發 장공발

장차 움직일 것을 두려워한다.

神無以靈 신무이령

신 그 자체에는 신묘한 것이 없는 까닭에

將恐歇 장공헐

장차 멈출 수가 없을 것을 두려워한다.

谷無以盈 곡무이영

골짜기 그 자체에는 채우는 것이 없는 까닭에

將恐竭 장공갈

장차 소모되어 없어질까봐 두려워한다.

萬物無以生 만물무이생

만물 그 자체에는 생성하는 것이 없는 까닭에

將恐滅 장공멸

장차 소멸될 것을 두려워한다.

侯王無以貴高 후왕무이귀고

후왕 그 자체에는 귀하고 높은 것이 없는 까닭에

將恐蹶 장공궐

장차 좌절할 것을 두려워한다.

故貴以賤爲本 고귀이천위본

그러므로 귀한 것은 천한 것을 근본으로 삼고,

高以下爲基 고이하위기

높은 것은 낮은 것을 바탕으로 한다.

是以侯王自謂孤寡不穀 시이후왕자위고과불곡

이로써 후왕은 스스로를 낮추어 고외로운 자, 과덕이 부족한 자, 불곡 비천한 자이라 부른다.

此非以賤爲本耶 차비이천위본야

이것이 바로 천한 것으로써 근본으로 삼는 것 아니겠는가?

非乎 비호

그렇지 아니한가?

故致數輿無輿 고치수여무여

그러므로 자주 명예를 얻을지라도 명예가 없다.

不欲琭琭如玉 불욕록록여옥

매우 아름다운 옥과 같이 하고자 하지 말고,

珞珞如石 락락여석

돌과 같이 거칠게 하라.

제39장에서 노자는 하나의 도를 통하여 천하에 바름을 삼았으니, 그 하나가 이르게 한 것이라 말한다. 하늘 자체에는 맑음이 없고, 땅 자체에는 편안함이 없으며, 신 자체에는 신묘함이 없고, 골짜기 그 자체에는 채우는 것이 없으며, 만물 그 자체에는 생성이 없다. 그러므로 귀한 것은 천한 것을 근본으로 삼는다고 한다.

옛날에 '하나'를 얻은 자가 있어, 하늘에는 하나가 있어 맑고, 땅에는 하나가 있어 편안하고, 신에는 하나가 있어 신령스럽고, 골짜기에는 하나가 있어 채워지고, 만물에는 하나가 있어 생성하고, 후왕에게는 하나가 있어 천하의 바름을 삼았으니, 그 하나가 이르게 한 것이다.

노자는 하나에 대한 완벽함을 말한다. 그러나 세인들은 하나

에 대한 정체를 모르는 채 산다. 그러므로 항상 두려움과 고통 속에서 헤어나지 못하고 있다. 하늘이 하나를 잃음으로 얻는 것은 밝음 대신 혼란이다.

하나가 도라는 이름으로 만물을 생성하고, 안정되게 하고, 신묘하게 한다고 하니 도무지 무슨 말인지 알 수가 없다. 그리고 그 하나를 어떻게 얻어야 하는지도 알 수 없다. 다만 하나를 얻지 못하면 온전하게 삶을 살 수가 없다는 것이 문제다.

그럼에도 불구하고 옛날이나 지금이나 여전히 세인들은 모르는 채 살면서, 그 하나를 얻으려고도 하지 않는다. 그 하나는 눈으로 볼 줄 알고, 귀로 들을 줄 알며, 혀로 맛 볼 줄 알며, 코로 냄새 맡을 줄 알며, 몸으로 감각을 느낄 줄 알며, 생각으로 만물을 생성한다. 지금 모든 사람들과 동식물들이 실제로 하는 행위이다.

그렇다면 이미 너무나 다 잘하고 있는데 왜 필요성을 말하는가? 다 잘하고 있는 것은 육근의 요구를 따르는 것일 뿐, 그 작용이 무엇인지 보려고도 알려고도 하지 않기 때문이다. 그리하여 따르는 것은 고통뿐이다. 후왕에게는 하나가 있어 천하의 바름을 삼았으니, 고통이 도가 되는 원인임을 말하고 있다.

서산대사가 송頌에 이르시길, "여기 한 물건이 있으니 본래부터 밝고 신령하여, 일찍이 나지도 않았고 죽지도 않는다. 이름 할 수도 없고 모양 지을 수 없다."고 하셨다. 이 한 물건이 만법을 세우고, 만법은 다시 하나로 돌아간다.

 하늘 자체에는 맑음이 없는 까닭에 장차 큰 변화가 일어나는 것을 두려워한다. 땅 자체에는 편안함이 없는 까닭에 장차 움직일 것을 두려워한다. 신 그 자체에는 신묘한 것이 없는 까닭에 장차 멈출 수가 없을 것을 두려워한다. 골짜기 그 자체에는 채우는 것이 없는 까닭에 장차 소모되어 없어질까봐 두려워한다. 만물 그 자체에는 생성하는 것이 없는 까닭에 장차 소멸될 것을 두려워한다. 후왕 그 자체에는 귀하고 높은 것이 없는 까닭에 장차 좌절할 것을 두려워한다.

 도 자체에는 도가 없음을 말한다. 그리하여 하나라는 말을 사용한 것이다. 언어에 의해 도를 잘못 인식할 것을 두려워한 이유다. 하늘 자체에 맑음이 없다는 것은 하늘을 보는 자가 맑음을 만든 것이다. 따라서 모든 자연의 변화를 주도하는 주체가 보는 데에 있다.
 그렇다면 신神이라는 말 자체에 신묘한 것이 없다면, 무엇이 신묘한가? '신묘하다'라고 말한 것이 다만 신묘할 뿐이다. 그리하여 언어의 본질을 모르면서 언어를 사용한다는 것은, 결국 언

어가 규정한 상에 갇히게 된다. 그러므로 신神을 가지고 참으로 신을 잃어버린다면, 변화를 멈출 수 없어서 두려움 또한 끝이 없을 것이다.

두려움이란 자신이 소유하는 것을 잃어버릴 것이라는 염려이다. 그것은 자신을 보지 못하기 때문이다. 신神이 하나를 잃음으로 얻는 것은 영묘함 대신에 어리석음이다. 진정한 두려움은 도를 알음알이로 아는 것에서 비롯된다.

후왕은 누구인가? 무엇이 귀하고 높은 것인가? 후왕이 높고 귀한 줄 아는 것 자체가 좌절이다. 그것이 영원하지 않기 때문이며, 이것을 모를 때 어리석다고 한다. 어리석기 때문에 자기 자신의 귀함은 보지 못하고, 자리나 명예가 귀한 줄 아는 것이다. 스스로 옳고 그른 잣대를 가지고 있어, 자신이 판단하고 분별하는 것도 좌절이다.

그러므로 귀한 것은 천한 것을 근본으로 삼고, 높은 것은 낮은 것을 바탕으로 한다. 이로써 후왕은 스스로를 낮추어 고外로운 자, 과 덕이 부족한 자, 불곡 비천한 자이라 부른다. 이것이 바로 천한 것으로써 근본으로 삼는 것 아니겠는가? 그렇지 아니한가? 그러므로 자주 명예를 얻을지라도 명예가 없다. 매우 아름다운 옥과 같이

하고자 하지 말고, 돌과 같이 거칠게 하라.

하나의 도가 분열하면 상대세계의 사물이 성립된다. 상대세계의 사물이 성립되면 성립된 그것은 곧 파괴된다는 의미다. 행복이 없는데 불행이 있겠는가? 부자가 없는데 가난한 자가 어디에 있겠는가?

결국 귀한 것은 천한 것이 있기 때문이다. 증오가 사랑에서 나오듯이, 사랑이 없으면 증오도 없는 것이다. 이로써 스스로 귀하다고 생각하는 후왕은 외롭지 않을 수 없다.

도가 파괴된다는 것은 개개인의 견해를 확립한다는 것이다. 견해에 따라 모든 사물이 생겨나기 때문이다. 즉 사랑과 증오, 옳음과 그름, 있음과 없음, 행복과 불행 등 성립된 사물은 성립되자마자 서로 파괴된다는 것이다. 모든 견해는 한 쪽이 없어지면, 자연히 다른 한쪽이 없어진다.

인간의 탐욕은 끝이 없다. 오늘날 과학이 증명하는 바이다. 과학이 발전할수록 인간은 본래 심성을 잃어가고 있다. 즉 무위자연의 본성을 대신하여 탐욕과 분노로 늘 두려워한다. 이로써 후왕은 외롭지 않을 수 없다. 하나를 아는 자는 욕망의 실체를 알기에 탐욕을 취하지 않는다.

도라는 것은 큰 바다와 같아서 들어갈수록 더욱 더 깊어가는 것이니, 아예 작은 것을 얻어서는 만족하지 않는다. 사람이 욕망을 쫓아 명성을 탐하니, 명성이 드러나면 몸은 이미 망가진다. 명예라는 말에 명예는 없으니, 무엇이 명예인가? 명예는 어디에 있는가? 거친 돌 가운데 옥이 있다.

『선가구감』에서 "이름과 이욕을 위한 '누더기 입은 이'는 풀 속에 묻혀 있는 시골 사람만도 못하다."고 한다. 돌과 같이 거칠게 하는 것은 꾸밈이 없이 생긴 그대로이다.

곧 "스스로를 보지 못하는 것이 죄업의 세계이다."

40장

되돌아간다는 것은 무엇인가

反者道之動 반자도지동
되돌아감이 도의 움직임이고,

弱者道之用 약자도지용
약함이 도의 작용이다.

天下萬物生於有 천하만물생어유
천하의 만물은 있음有에서 생겨나고,

有生於無 유생어무
있음은 없음無에서 생겨난다.

제40장에서 노자는 스스로 생각을 일으킨 줄 아는 것을 되돌아감이라 하고, 이를 도의 움직임이라 한다. 자신의 생각을 세우지 않는 것을 약함이라 하고, 이를 도의 작용이라 한다.

> 되돌아감이 도의 움직임이고, 약함이 도의 작용이다. 천하의 만물은 있음有에서 생겨나고, 있음은 없음無에서 생겨난다.

되돌아간다는 것은 무엇인가? 생각이 일어나는 곳을 살피는 것이다. 욕망이 어디에서 온 것인가? 분노가 어디에서 온 것인가? 이렇게 스스로에게 물을 줄 아는 것이 되돌아감이며 도의 움직임이고, 스스로 묻고 답할 줄 아는 것이 자신의 생각을 내세우지도 고집하지도 않는 약함이며 도의 작용이다.

도의 움직임으로 무에서 유가 시작되니, 되돌아감은 그 창조의 이치를 아는 것이다. 이처럼 만물이 무에서 유를 창조하는 이치를 아는 것이 곧 유에서 다시 무로 되돌아가는 것이므로 어찌 도의 작용을 모를 수 있겠는가? 유와 무가 어우러져 천하가 되므로, 도의 움직임과 도의 작용은 우리의 생활 속에서 밀접하게 이루어지고 있음을 알 수 있다. 결국 도의 움직임은 도의 작용과 한 얼굴이다.

41장

웃음거리가 되지 않으면 도라고 할 수 없다

上士聞道 상사문도
뛰어난 선비는 도를 들으면,

勤而行之 근이행지
부지런히 도를 실행하려 한다.

中士聞道 중사문도
평범한 선비는 도를 들으면,

若存若亡 약존약망
도가 존재하는가 존재하지 않는가 의심한다.

下士聞道 하사문도
어리석은 선비는 도를 들으면,

大笑之 대소지
도를 크게 비웃는다.

不笑不足以爲道 불소부족이위도

웃음거리가 되지 않으면 도라고 할 수가 없다.

故建言有之 고건언유지

그러므로 예부터 내려오는 말에 이르기를

明道若昧 명도약매

밝은 도는 어두운 듯하고,

進道若退 진도약퇴

나아가는 도는 물러가는 듯하고,

夷道若纇 이도약뢰

평평한 도는 울퉁불퉁한 듯하고,

上德若谷 상덕약곡

높은 덕은 골짜기인 듯하고,

大白若辱 대백약욕

매우 흰 것은 더러운 듯하고,

廣德若不足 광덕약부족

넓은 덕은 부족한 듯하고,

建德若偸 건덕약투

건실한 덕은 보잘 것 없는 듯하고,

質眞若渝 질진약투

바탕이 참된 것은 변하는 듯하다.

大方無隅 대방무우
크게 모난 것은 모서리가 없고,

大器晚成 대기만성
큰 그릇은 늦게 이루어지며,

大音希聲 대음희성
큰 소리는 거의 들리지 않고,

大象無形 대상무형
큰 형상은 형체가 없으며,

道隱無名 도은무명
도는 숨어 있어서 이름도 없다.

夫唯道善貸且成 부유도선대차성
오직 도만이 진실로 관대하며 또 모든 것을 이룰 수 있다.

제41장에서 노자는 도를 받아들이는 세 가지 근기의 다름을 밝힌다. 도는 궁극적으로 실천에 있으며, 드러나지 않으면서 진실로 관대하여 모든 것을 이룰 수 있다고 말한다.

뛰어난 선비는 도를 들으면, 부지런히 도를 실행하려 한다. 평범한 선비는 도를 들으면, 도가 존재하는가 존재하지 않는가 의심한

다. 어리석은 선비는 도를 들으면, 도를 크게 비웃는다.

뛰어난 선비는 도를 들으면 도를 실천하는 사람이다. 왜냐하면 도는 자기 자신 밖에 존재하는 것이 아니라, 자신 안에서 작용하고 있음을 알기 때문이다. 도는 어떻게 작용하는가? 스스로 마음에서 일으킨 생각을 보는 작용이다. 그러므로 도를 들으면 실행하지 않을 수 없다.

평범한 선비는 책을 읽어서 도를 체득하려 하지만, 다만 알음알이에 머물 뿐이다. 도에는 형상이 없고, 소리나 냄새도 없으며, 생각으로는 알 수가 없어 도의 존재를 의심하게 된다.

어리석은 선비는 도를 인정하지 않고, 다만 세상의 재물, 명예, 권력만이 존재하는 것으로 믿기 때문에, 의심의 여지도 없이 도를 부정한다. 눈에 보이고 들리는 상相만을 인정하고, 복을 추구하면서 도리어 도를 비방한다.

어리석은 선비는 광명光明의 세계를 버리고 탐욕·성냄·어리석음탐·진·치의 삼독으로 죄업의 세계를 산다. 스스로를 듣지 못하고, 스스로를 보지 못하는 것이 죄업의 세계이다. 그럼에도 불구하고 도를 들으면 크게 비웃는다.

웃음거리가 되지 않으면 도라고 할 수가 없다. 그러므로 예부터 내려오는 말에 이르기를 밝은 도는 어두운 듯하고, 나아가는 도는 물러가는 듯하고, 평평한 도는 울퉁불퉁한 듯하고, 높은 덕은 골짜기인 듯하고, 매우 흰 것은 더러운 듯하고, 넓은 덕은 부족한 듯하고, 건실한 덕은 보잘 것 없는 듯하고, 바탕이 참된 것은 변하는 듯하다.

노자는 웃음거리가 되지 않으면 도가 아니라고 한다. 눈에 보이는 것만을 쫓아가니, 보이지 않는 것을 비웃을 뿐이다. 만일에 도가 눈에 보이는 형상을 가지고 있으면, 그것을 얻으려 할 것이다. 이는 눈에 보이지 않는 가치를 알지 못하기 때문이며, 그러므로 얻으려 하지 않는다.

밝은 도라는 것은 생각이 일어나자마자 자신의 허물을 보는 것이다. 허물을 보고 머뭇거리듯 하는 것이 마치 어두운 듯하다는 것이다. 나아가는 도는 찰나 찰나에 자신의 행위를 본다. 그리고 나와 너를 분별하지 않으므로 분명하지 않아 마치 물러가는 듯하다.

평평한 도란 마음에 걸림이 없으므로 거칠었다 부드러웠다 하는 것이 마치 울퉁불퉁한 것 같다. 높은 덕은 최상의 도에서 나오는 것이, 마치 흰 바탕 위에서 만물을 일으키는 도리와 같다.

탐욕 가운데 있어서 넓은 덕은 부족한 것 같고, 번뇌 가운데 있어서 건실한 덕은 보잘 것 없는 것 같다. 그렇지만 이 모든 탐욕과 번뇌는 참된 바탕으로부터 비롯됨을 안다면 변화를 알 수 있다.

크게 모난 것은 모서리가 없고, 큰 그릇은 늦게 이루어지며, 큰 소리는 거의 들리지 않고, 큰 형상은 형체가 없으며, 도는 숨어 있어서 이름도 없다. 오직 도만이 진실로 관대하며 또 모든 것을 이룰 수 있다.

도와 덕이라는 큰 모난 것은 인위적이지 않다. 무위자연은 모서리가 없다. 큰 그릇이란 너와 나를 분별하지 않아서 크게 포용하여 도의 지극함에 이르므로 늦게 이루어진다. 큰 소리는 자신을 내세우지 않기 때문에 거의 들리지 않는다. 큰 형상이란 허공과 같아서 형체를 볼 수 없으므로, 크다는 것이다. 도는 항상 작용하고 있으나 알지 못하므로 은밀하다고 한다.

도는 뜻이 없어 본래 관대하다. 관대하고자 하는 바가 없는 것이 관대한 것이니 어찌 이룰 수 없겠는가? 관대한 줄 아니 모든 것이 이루어지는 것이다. 도는 항상 일어나는 번뇌를 휴휴休休한다. 즉, 쉬고 쉬는 것이다.

쉬고 쉬는 중에, 마음에서 일어나는 생각을 보니 은밀하게 진행된다는 것이고, 늘 탐욕을 경계하기 때문에 도둑을 자처한다. 이처럼 보는 것이 곧 상대에게 관용을 베푸는 것이고, 모든 것을 잘 이루게 하는 원천이 된다.

42장
한 생각 일어날 때 죄도 일어난다

道生一 도생일
도에서 하나가 생기고,

一生二 일생이
'하나'에서 '둘'이 생기고,

二生三 이생삼
'둘'에서 '셋'이 생기고,

三生萬物 삼생만물
'셋'에서 만물이 생긴다.

萬物負陰而抱陽 만물부음이포양
만물은 '음'을 짊어지고 '양'을 안고 있으며,

沖氣以爲和 충기이위화
비어있는 기운은 음양으로써 조화를 이룬다.

人之所惡 인지소오

사람들이 싫어하는 것은

唯孤寡不穀 유고과불곡

오직 고 외로운 자, 과 덕이 부족한 자, 불곡 비천한 자 이지만,

而王公以爲稱 이왕공이위칭

왕공은 스스로 낮추어 이로써 호칭으로 삼는다.

故物或損之而益 고물혹손지이익

그러므로 만물이란 간혹 잃음으로 얻기도 하고,

或益之而損 혹익지이손

얻음으로 잃는 일도 있다.

人之所教 인지소교

다른 사람들이 가르치는 바를

我亦教之 아역교지

나 역시 가르친다.

强梁者不得其死 강량자부득기사

굳세고 강한 자는 죽지도 못하니,

吾將以爲教父 오장이위교부

나는 장차 이로써 가르침의 어버이로 삼을 것이다.

제42장에서 노자는 도에서 하나가 생기고 곧 만물이 생기니 비

어있는 기운이 음양으로써 조화를 이룬다고 말한다. 만물의 조화로 보면 강하고 굳센 것은 굽히지 않아 오히려 죽지도 못하니, 노자는 이 조화를 가르침의 어버이로 삼는다.

도에서 하나가 생기고, '하나'에서 '둘'이 생기고, '둘'에서 '셋'이 생기고, '셋'에서 만물이 생긴다.

도가 무엇인가를 묻는 그 자신이 하나가 되고, 그 물음 속에 음양의 이치를 품는 것을 둘이라 하고, 하나와 둘이 만나 셋이 된다. 양과 음이 곧 명明과 무명無明이니, 스스로 생각을 일으키는 줄 아는 그 자체를 명이라 하고, 생각 일으킨 줄 알지 못하는 것을 무명이라 한다. 여기에서 명과 무명을 일으킨 자를 가리켜 셋이 생겼다 하고, 이로써 만물이 생기게 된다.

그러므로 내가 일으킨 생각 속에 만물이 들어있고, 세상이 그 속에 있다. 한 생각 속에 선과 악이 공존한다. 그리고 도의 생성은 한 생각 속에서 만물을 이룬다.

그렇다면 우리의 마음은 무엇을 먹고 사는가?

만물은 '음'을 짊어지고 '양'을 안고 있으며, 비어있는 기운은 음

양으로써 조화를 이룬다.

도가 곧 만물의 주인이다. 주인만이 채울 수 있고 비울 수 있으므로, 음과 양으로 이루어진 만물을 비어있는 기운으로 조화를 이룬다고 하는 것이다.

도는 우주를 머금고 텅 비어 있으나, 이것이 일어날 때 저것이 일어나고, 이것이 없으면 저것도 없다. 이처럼 한 치의 어김없이 원인을 따라 결과가 연쇄적으로 일어나며 조화를 이룬다. 눈은 텅 비어 아무것도 없으나, 눈으로 본다는 인연으로 아름답고 추함의 조화를 이루는 것과 같다.

사람들이 싫어하는 것은 오직 고 외로운 자, 과 덕이 부족한 자, 불곡 비천한 자 이지만, 왕공은 스스로 낮추어 이로써 호칭으로 삼는다.

사람들이 좋아하는 것은 사랑받으려 하고, 재물을 많이 쌓으려 하며, 다복한 가정을 꾸리는 것이다. 그리고 이로써 자신들의 호칭으로 삼는다.

마음은 내가 원하지 않는데도 제멋대로 움직인다. 그렇다면 왜 자신의 마음을 통제하려 하지 않는가? 탐욕과 시기와 분노가 나를 망쳐도 남 탓만 한다. 결국에는 감각기관의 노예로 살아갈 뿐이다.

왕공은 자신의 감각기관을 왕처럼 자유자재로 부리는 자이며, 감각기관으로 조화를 일으키는 자이다. 그러므로 모든 만물은 호칭일 뿐이다. 그렇다면 왕공은 싫어하는 것으로 호칭을 삼는 이유가 무엇인가?

첫째, 스스로 높이려는 그 자체가 외롭고 부덕하고 비천하기 때문이다.

둘째, 도의 본질을 잃을까 두려워하기 때문이다.

그러므로 만물이란 간혹 잃음으로 얻기도 하고, 얻음으로 잃는 일도 있다. 다른 사람들이 가르치는 바를 나 역시 가르친다.

만물에는 실체가 없다. 다만 자신이 일으킨 생각을 따라 잃기도 하고 얻기도 한다. 그러므로 화禍란 복이 기대어 있는 바이며, 복福이란 화가 엎드려 있는 바이니, 따라서 다른 사람들이 원하는 바를 알아서, 노자는 그 의도에 맞추어서 도를 가르칠 뿐이다. 거역할 아무런 이유도 없다.

> 굳세고 강한 자는 죽지도 못하니, 나는 장차 이로써 가르침의 어버이로 삼을 것이다.

강하고 굳센 것은 굽히지 않는다. 그러므로 죽지 못하니 삶을 얻지 못하고, 죽음 역시 얻을 수 없는 것이다. 노자는 삶과 죽음의 이치로써 가르침의 본보기로 삼고자 한다. 그리하여 자기주장과 견해가 강한 자는, 스스로 죽을 수가 없다. 또한 삶도 얻을 수 없다. 그러므로 노자는 이것을 가르침의 어버이로 삼는다고 하는 것이다.

43장

가장 존귀한 것은 그 존귀한 말을 빼앗을 줄 아는 이의 자각이다

天下之至柔 천하지지유

천하에 지극히 부드러운 것이

馳騁天下之至堅 치빙천하지지견

천하에 지극히 단단한 것을 부린다.

無有入無間 무유입무간

형체 없는 것이 틈이 없는 곳에 들어간다.

吾是以知無爲之有益 오시이지무위지유익

나는 이로써 무위가 이롭다는 것을 안다.

不言之敎 불언지교

말없는 가르침과

無爲之益 무위지익

무위의 이로움에

天下希及之 천하희급지
천하에서는 미칠 만한 것이 드물다.

제43장에서 노자는 형체 없는 것이 틈이 없는 곳에 들어간다고 말한다. 나는 이로써 무위의 이로움을 안다. 따라서 말없는 가르침과 무위의 이로움에 천하에서는 미칠만한 것이 드물다고 한다.

천하에 지극히 부드러운 것이 천하에 지극히 단단한 것을 부린다.

무엇이 지극히 부드러운 것인가? 자기 자신의 견해를 주장하지 않는 것이다.

무엇이 지극히 단단한 것인가? 자기 자신의 견해를 주장하는 것이다.

견해를 주장하고 있는 줄 아는 것이 스스로를 보는 것이다. 자신을 알지 못하면 단단한 것을 부릴 수 없다.

말하는 이의 견해를 들을 줄 아는 것이 그의 주장을 빼앗는 것이니, 단단한 것을 부릴 줄 아는 것이다. 세상에서 가장 존귀한 것은 그 '존귀한 말'을 빼앗을 줄 아는 이의 자각自覺이다.

형체 없는 것이 틈이 없는 곳에 들어간다. 나는 이로써 무위가 이롭다는 것을 안다.

형상 없는 것이 무엇인가?

흐르는 물소리를 본 적이 없다. 그러나 본 적 없는 물소리가 이미 틈이 없는 곳에 들어왔다. 이처럼 허공 안에 온갖 형상을 품으니, 무위자연의 이로움이다.

무위자연은 누가 만든 것인가?

"남산에 구름 일자 북산에 비 뿌린다."南山起雲時 北山已下雨

처음부터 형상이 있는 것은 감각의 분뇨일 뿐이다. 형상은 세상과 소통하기 위한 단어일 뿐이다. 도의 의미를 말할 수 있는 단어가 없으므로, 문자를 따라가면 그 즉시 앎이고, 혼돈과 질서가 탄생한다.

다시 무엇이 무위자연인가?

앎에 이미 헤아릴 것 없다.

말없는 가르침과 무위의 이로움에 천하에서는 미칠 만한 것이

드물다.

말없는 가르침은 진리를 구하고, 무위의 이로움은 처음조차 없어 문득 자신을 반조返照한다.

천하에 미칠만한 것이 없음은 마음먹은 바가 없기 때문이다. 우리의 선입견은 곧 자신을 방해한다. 사람들이 세상에 사는 것이 우환 아닌 것이 없으니, 만일 우환을 면한다고 하더라도 역시 요행일 뿐이다.

말없는 가르침의 요지는 무엇인가?

"흐르지 않는 강물을 내 어이 노 저어왔던가?"

황벽선사의 『전심요결傳心法要』에서 부처가 아난에게 "네가 천일 동안 듣고 아는 것聞慧만 익히는 것이, 하루 동안 도를 배우는 것만 같지 못하다." 하시었다. 말없는 가르침은 스스로 체득하여 얻는 것이다.

무위의 이로움이란 무엇인가?

생각이 상相이지만 상에는 생각이 없다. 일어난 생각에는 생각이란 상이 없다. 이미 생각을 모르는데 어찌 상인 줄 알 것인가? 다만 상이라 부르는 이 생각 때문에 묶일 뿐이다. 늘 하는 생각 속에서 묶이지 않는 것이 무위의 이로움이다.

이러한 이치는 천하에 미칠 만한 것이 드물다.

44장

욕심에는 수행이 필요 없다

名與身孰親 명여신숙친

명성과 내 몸 중에서 어느 것이 더 친한가?

身與貨孰多 신여화숙다

내 몸과 재산 중에서 어느 것이 더 중요한가?

得與亡孰病 득여망숙병

얻음과 잃음 중에서 어느 것이 더 병이 되는가?

是故甚愛必大費 시고심애필대비

이 까닭으로 너무 사랑하면 반드시 크게 마음 쓰고,

多藏必厚亡 다장필후망

너무 많이 쌓아두면 반드시 크게 잃는다.

知足不辱 지족불욕

만족할 줄 아는 사람은 부끄러움을 당하지 않고,

知止不殆 지지불태
멈출 줄 알면 위태롭지 않으니,
可以長久 가이장구
가히 이로써 영원할 수 있다.

제44장에서 노자는 만족할 줄 아는 사람은 부끄러움을 당하지 않고, 멈출 줄 알면 위태롭지 않으니 가히 이로써 영원할 수 있다고 한다.

명성과 내 몸 중에서 어느 것이 더 친한가? 내 몸과 재산 중에서 어느 것이 더 중요한가? 얻음과 잃음 중에서 어느 것이 더 병이 되는가?

묻는 곳에 답이 있다고 한다. 그러나 물음이 곧 미끼다. 묻는 곳에 머물러 답을 찾는다면 이미 그르친다. 땅으로 인해 넘어진 사람은 땅을 딛고 일어나야 한다. 잃으면 얻고 얻으면 잃는다. 얻고 잃음이 서로 원인이 될 수도 있고, 결과도 될 수 있다.

어리석음으로 우리는 몸이나 재물이나 혹은 명예를 잃어버리고 난 후에야 비로소 무엇이 소중한가를 알게 된다. 만일 요행히

도 모든 것을 지킨다면 지켰다는 그 자부심으로 도리어 본성을 잃게 될 것이다.

무엇이 더 중요하겠는가?

이 까닭으로 너무 사랑하면 반드시 크게 마음 쓰고, 너무 많이 쌓아두면 반드시 크게 잃는다.

많이 쌓아 두면 왜 크게 잃는가?

명예나 재산에 애착과 집착이 심할수록 반드시 크게 자신을 낭비하게 된다. 그리하여 자신의 본성을 잃는 것이 곧 모든 것을 크게 다 잃는 것이다.

욕심에는 수행 修行이 필요 없다.

그러므로 욕심낼 때 집 밖에 머무는 줄 알라!

만족할 줄 아는 사람은 부끄러움을 당하지 않고, 멈출 줄 알면 위태롭지 않으니, 가히 이로써 영원할 수 있다.

멈출 줄 아는 것은 인간에게 주어진 최고의 선물이다. 멈출 줄

아는 것이 무위자연의 도이고, 덕을 쌓는 것이다. 무위자연의 이치를 깨닫지 않으면 한 발자국도 떼지 못한다.

멈출 줄 모르는 사람은 욕망을 좇아 명성이나 재물 탐하기를 그칠 줄 모른다. 다만 그 시작과 마지막을 알고 그칠 줄 알면, 가만히 있거나 움직여도 위태롭지 않아 장구한다. 모든 재앙은 멈추지 못하는 데서 생긴다. 탐·진·치 삼독이 능히 천하를 다스리고도 모자라 사바세계를 이루기 때문이다. 가히 이로써 영원할 수 없다.

평지와 높은 산 가리지 않고 돌아다니며 허구한 날 모진 고생하니, 백가지 꽃 따 모아 꿀을 빚지만 맛있게 먹는 입 따로 있다네.

45장

조촐함은 천하의 정도가 된다

大成若缺 대성약결

크게 이루어진 것은 부족한 듯하나

其用不弊 기용불폐

그 쓰임은 닳아 없어지지 않고,

大盈若沖 대영약충

가득 찬 것은 빈 듯하나

其用不窮 기용불궁

그 쓰임에는 끝이 없다.

大直若屈 대직약굴

크게 곧은 것은 굽은 듯하고,

大巧若拙 대교약졸

뛰어난 기교는 서툰 듯하며,

大辯若訥 대변약눌
뛰어난 언변은 더듬는 듯하다.

躁勝寒 조승한
활발한 움직임은 추위를 이기고

靜勝熱 정승열
고요함은 더위를 이기지만,

淸靜爲天下正 청정위천하정
청정 조촐함은 천하의 정도가 된다.

제45장에서 노자는 도와 덕이 모자라는 듯하지만, 그 쓰임은 어그러짐이 없다고 한다. 결국 맑고 고요함, 즉 조촐함이 천하의 근본임을 밝히고 있다.

크게 이루어진 것은 부족한 듯하나 그 쓰임은 닳아 없어지지 않고, 가득 찬 것은 빈 듯하나 그 쓰임에는 끝이 없다.

크게 이루어진다는 것은 크게 채워진다는 것이다. 크게 채워진 것은 빈 것과 같다. 텅 빈 것 자체가 이미 완전한 것이어서 그 쓰임은 끝이 없는 것이다.

마음 그 자체는 늘 움직이고, 그 움직임 속에서 항상 집착과 탐욕이 있어 어그러짐이 있게 된다. 그러나 움직임 그 자체를 관조觀照함으로써 도의 쓰임은 뚜렷하여 어그러짐이 없게 된다. 이로써 그 쓰임에는 끝이 없는 것이다.

크게 곧은 것은 굽은 듯하고, 뛰어난 기교는 서툰 듯하며, 뛰어난 언변은 더듬는 듯하다.

크게 곧은 사람은 스스로 곧다고 주장하지 아니하므로 굽은 듯 보이고, 뛰어난 장인은 자연에 가깝게 다루므로 서툰 듯하며, 달변가는 자기 생각을 꾸미지 않으므로 더듬는 듯하다. 이처럼 마음 자체에는 정해진 실체가 없기 때문에, 어느 한쪽으로 치우치는 것 자체를 용납하지 않는다.

아는 자는 말이 없고, 말하는 자는 모른다.

활발한 움직임은 추위를 이기고, 고요함은 더위를 이기지만, 청정조촐함은 천하의 정도가 된다.

추위는 활발한 움직임으로 이기려 하고, 더위는 고요함으로 이기려 하지만, 그러나 춥다 또는 덥다 라고 할 때 이미 마음이 움직인 것이다.

스스로 일으킨 온갖 생각을 마음의 고요함과 맑음으로 능히 이기나니, 마음의 조촐함이 천하의 근본이 된다. 다만 조촐한 그 마음을 척도로 삼을 뿐이다.

"동념즉괴動念即乖로다."

46장

도를 모르면 만족의 경계를 알지 못한다

天下有道 천하유도

천하에 도가 있으면,

却走馬以糞 각주마이분

달리는 말을 되돌려 거름 밭갈이에 쓰고,

天下無道 천하무도

천하에 도가 없으면,

戎馬生於郊 융마생어교

융마 군마 가 성곽 밖에서 새끼를 낳는다.

禍莫大於不知足 화막대어부지족

만족할 줄 모르는 것보다 더 큰 재앙은 없고,

咎莫大於欲得 구막대어욕득

얻고자 하는 것보다 더 큰 허물은 없다.

故知足之足常足矣 고지족지족상족의
그러므로 만족하는 줄 아는 것에 만족하니 언제나 족할 뿐이다.

제46장에서 노자는 만족할 줄 모르는 것보다 더 큰 재앙은 없다고 한다. 만족하는 줄 아는 만족만이 언제나 만족일 뿐이라고 말한다.

천하에 도가 있으면, 달리는 말을 되돌려 거름 밭갈이에 쓰고, 천하에 도가 없으면, 융마 군마가 성곽 밖에서 새끼를 낳는다.

단 한 사람의 군주가 도를 안다면, 달리는 말을 되돌려 전쟁터를 밭으로 일구게 한다. 도를 모르면 늘 탐내는 마음으로 전쟁을 일으키니, 군마가 성곽 안으로 들어오지 못하여 성 밖에서 새끼를 낳는다.

도를 모르니 끊임없는 욕망이 만족의 경계를 알지 못한다. 세상의 뜬 이름을 탐내므로 부질없이 몸만 괴롭히고 항상 혼돈의 시간을 보낸다.

도가 있다는 것은 인과因果를 아는 것이다. 재앙의 원인을 알면 어찌 전쟁을 할 것이며, 어찌 과도한 욕심을 낼 것인가?

만족할 줄 모르는 것보다 더 큰 재앙은 없고, 얻고자 하는 것보다 더 큰 허물은 없다. 그러므로 만족하는 줄 아는 것에 만족하니 언제나 족할 뿐이다.

재앙은 만족을 모르는 데에서 출발한다. 만족할 줄 모르는 욕심이 바로 재앙이다. 대부분 자신의 욕심은 모르고 남의 욕심만을 보게 된다. 무엇을 기준으로 만족할 것인가? 밑 빠진 독에 물 붓기다. 도를 모르고는 한계도 모르는 것이다.

인간은 끊임없이 자신에게 부족함을 채우려고 한다. 그러나 인간이 본래 타고난 천성 그 자체는 이미 충분히 채워져 있다. 그럼에도 불구하고, 만족을 모르고 얻고자 한다면 그보다 큰 허물은 없을 것이다. 다만 어떻게 만족할 것인지 스스로에게 물을 뿐이다.

47장

문밖에서 글 읽는 자가 도를 찾을 수 있겠는가

不出戶 불출호

문을 나서지 않고도

知天下 지천하

천하를 다 알고

不窺牖 불규유

들창을 엿보지 않고도

見天道 견천도

하늘의 도를 볼 수 있다.

其出彌遠 기출미원

밖으로 나가는 것이 점점 더 멀수록

其知彌少 기지미소

그 지혜는 점점 더 적어진다.

是以聖人不行而知 시이성인불행이지

이로써 성인은 밖으로 나가지 않고도 알고,

不見而名 불견이명

보지 않고도 이름 짓고,

不爲而成 불위이성

작위하지 않고도 모든 것을 이룬다.

제47장에서 노자는 밖에서 찾으면 찾을수록 도와는 멀어짐을 말한다. 문을 나서지 않고도 천하를 다 알고 들창을 엿보지 않고도 하늘의 도를 볼 수 있으니, 작위하지 않고도 모든 것을 이룬다.

문을 나서지 않고도 천하를 다 알고 들창을 엿보지 않고도 하늘의 도를 볼 수 있다.

문을 나서지 않고 세상을 안다는 것은 무슨 의미인가? 세상의 일이란 탐욕과 성냄과 어리석음이니 문을 나서지 않아도 아는 일이다. 도의 이치를 어찌 창밖의 하늘에서 찾을 수 있겠는가? 하늘의 도 역시 하늘에 있지 않으니 어찌 들창을 엿보겠는가?

다만 문밖에서 글 읽는 자일뿐이다.

천하의 일과 도_道는 보는 놈이 본다. 성인은 자신을 깨닫고, 범부는 이익을 깨닫는다. 사람마다 타고난 성품을 깨닫는다면, 어찌 자신 안에 있는 도를 보지 못하겠는가?

밖으로 나가는 것이 점점 더 멀수록 그 지혜는 점점 더 적어진다.

밖으로 나가는 것이 점점 더 멀어질수록, 그 지혜는 왜 더욱 더 적어지는가? 상相에 집착하는 것을 '밖으로 나간다'고 말한다. 상은 육근을 통하여 일어나는 것이니, 시시때때로 일어나는 색·성·향·미·촉·법이 모두 경계이다.

경계를 따라 스스로 일으킨 상에 끌리는 것 자체가 어리석어지고, 눈앞의 이익에 의하여 판단하므로, 그 즉시 지혜와 멀어지는 것이다.

이로써 성인은 밖으로 나가지 않고도 알고, 보지 않고도 이름 짓고, 작위하지 않고도 모든 것을 이룬다.

어떻게 성인이 밖으로 나가지 않고도 알 수 있는가? 성인은 천

하와 하늘의 도를 이미 자신에서 찾기 때문이다. 그러므로 일어나는 생각을 스스로 보니, 어찌 모를 수 있겠는가?

어떻게 보지 않고도 이름 지을 수 있는가? 만물 자체에는 이름이 없으므로, 성인은 눈으로 보고 이름을 짓는 것이 아니라 무위자연의 이치를 따라 이름을 짓기 때문이다. 떨어지는 잎을 낙엽이라 이름 하듯이.

작위하지 아니한데 어떻게 모든 것을 이룰 수 있는가? 자연 그 자체는 작위하지 않고도 모든 것을 이루듯이, 성인은 자연 그대로를 받아들이는 것으로 모든 것을 이루기 때문이다.

이처럼 무위자연의 이치로 저절로 아는 것이고, 저절로 이름 지어질 뿐이며, 저절로 모든 것이 이루어진다는 것이다. 봄이 오면 만물이 소생하고, 겨울이 오면 만물이 잠들 듯이, 무위자연의 이치로 저절로 이루어지는 것이다.

48장

무위이면서 하지 못하는 것이 없다

爲學日益 위학일익
학문은 배우면 날로 늘어나고

爲道日損 위도일손
도는 따르면 날로 덜어진다.

損之又損 손지우손
덜고 또 덜면

以至於無爲 이지어무위
이로써 무위에 이를 수 있다.

無爲而無不爲 무위이무불위
무위이면서 하지 못하는 것이 없다.

取天下 취천하
천하를 취하려 하면

常以無事 상이무사

항상 일 없음으로써 가능하다.

及其有事 급기유사

그 일이 있는 것에 미치면

不足以取天下 부족이취천하

족히 이로써 천하를 취하지 못한다.

제48장에서 노자는 무위이면서 하지 못하는 것이 없고, 또한 천하를 취하려면 일 없음으로 가능다고 말한다. 학문은 배우면 날로 늘어나고, 도는 따르면 날로 덜어진다.

학문은 배우면 날로 늘어나고 도는 따르면 날로 덜어진다.

학문을 배우면 무엇이 날로 늘어나는가?

학문은 유위법 有爲法 으로 배우면 배울수록 상 相만 늘어난다. 안다는 생각, 상대보다 낫다는 생각, 오만한 생각 등등. 따라서 상으로 인하여 경쟁과 다툼을 만든다. 그리고 그 속에서 반드시 이기기를 욕망한다. 이로서 번뇌만 늘어난다.

도를 따르면 무엇이 줄어드는가? 생각을 일으킬 때 허물도 함께하니, 이 허물 볼 때 도를 따른다고 한다. 자신의 허물을 보는 것 자체가 지혜이므로 저절로 분쟁을 피하게 된다. 이로써 이기는 것보다, 지는 쪽을 선택하게 되므로, 번뇌가 날로 덜어진다.

덜고 또 덜면 이로써 무위에 이를 수 있다. 무위이면서 하지 못하는 것이 없다.

무엇을 덜면 무위에 이르는가?

인간은 생각하는 동물이다. 끊임없이 일어나는 생각을 본 적이 있는가? 그러나 세인들은 이 생각들을 멈추려고 하지 않는다. 매 순간 순간 욕망과 이기심에 의하여 일어나는 줄 모르기 때문이다. 다만 이러한 생각 속에서 살아가는 삶을 정상이라고 여길 뿐이다. 그러므로 욕망을 일으키는 생각들을 줄이면, 무위에 이를 수 있다고 한 것이다.

그렇지만 이러한 유위의 법을 믿는다면 결코 무위에 이르지 못할 것이다. 무위법을 깨닫는다면 욕망이 바로 미혹한 생각인 줄 아는 것이니, 본래 맑은 하늘에 마치 구름이 생겼다가 흩어지는 것과 같다.

이와 같이 생각을 깨우친다면 무위법으로 하지 못할 것이 있겠는가?

　천하를 취하려 하면 항상 일 없음으로써 가능하다. 항상 일이 있는 것에 미치면 족히 이로써 천하를 취하지 못한다.

　어떻게 하는 것이 천하를 취하는 것인가? 천하를 취하는 것은 무위자연으로 되돌아가는 일이다. 또한 본래 내가 온 곳을 아는 것이다. 그러나 이 일은 예사로운 일이 아니다.

　일이 있다는 것은 분별과 선택으로 인하여 욕망이 끊임없이 일어나는 것이다. 그로 인하여 천하를 취하지 못한다. 천하를 취하려 하면 항상 일 없음으로써 가능하다고 한다.

　그렇다면 일없이 어떻게 천하를 취하겠는가? 육근安·이·비·설·신·의이 육경六境 색·성·향·미·촉·법을 만나 상을 일으키는 것이 천하다. 이 모든 상을 취하는 것은 늘 일어나는 상을 보기 때문이다. 스스로 분별을 일으킨 줄 알 때, 일은 저절로 없어지고, 능히 일없이 천하를 취하게 된다.

49장

선과 믿음은 타고난 천성이다

聖人無常心 성인무상심

성인은 항상하는 마음이 없어

以百姓心爲心 이백성심위심

백성의 마음을 자신의 마음으로 삼는다.

善者吾善之 선자오선지

선한 사람을 나는 선하게 대하고,

不善者吾亦善之 불선자오역선지

선하지 않은 사람도 역시 나는 선하게 대하므로,

德善 덕선

선이 덕이다.

信者吾信之 신자오신지

믿음이 있는 사람을 나는 믿음으로 대하고,

不信者吾亦信之 불신자오역신지

믿음이 없는 사람도 나는 역시 믿음으로 대하므로,

德信 덕신

믿음이 덕이다.

聖人在天下 성인재천하

성인은 세상에 임할 때

歙歙焉爲天下渾其心 흡흡언위천하혼기심

모든 것을 포용하고 천하를 위해 그 마음을 혼연일체로 만든다.

百姓皆注其耳目 백성개주기이목

백성들 모두가 귀와 눈에 주목해도,

聖人皆孩之 성인개해지

성인은 그들을 모두 어린아이처럼 천진난만하게 대한다.

제49장에서 노자는 성인은 항상하는 마음이 없어 백성의 마음을 자신의 마음으로 삼는다고 한다. 백성들 모두가 귀와 눈에 주목해도, 성인은 그들을 모두 어린아이처럼 천진난만하게 대한다.

성인은 항상하는 마음이 없어 백성의 마음을 자신의 마음으로 삼는다.

49장 선과 믿음은 타고난 천성이다

항상하는 마음이 없다는 것은 마음의 실체가 없다는 것이므로, 성인은 백성의 마음을 자신의 마음으로 삼는다. 백성이란 늘 생각 일으키는 것을 중요하게 여겨 그것을 자랑으로 삼는다. 그러나 마음이 항상한다면, 즉 선한 마음과 옳다는 마음의 실체가 있다면, 어떻게 백성의 마음을 알겠는가? 성인은 다만 그들의 말을 그대로 들어줌으로써 그들 스스로의 마음에 공감하는 것이다. 옳고 그름을 따져서 분별하여 듣는다면 어찌 백성의 마음을 자신의 마음으로 삼을 수 있겠는가?

선한 사람을 나는 선하게 대하고, 선하지 않은 사람 역시 나는 선하게 대하므로, 선이 덕이다. 믿음이 있는 사람을 나는 믿음으로 대하고, 믿음이 없는 사람이라도 나는 역시 믿음으로 대하므로, 믿음이 덕이다.

선한 사람, 선하지 않은 사람을 분별하여 본다면 그 자체가 이미 불선이다. 선한 사람은 물론이고, 선하지 않은 사람도 본래는 선한 사람으로 보는 것이 성인의 덕이다. 이러한 까닭으로 천성을 아는 것이 덕선德善이라 한다. 만일 천성을 모른다면 어찌 분별하지 않을 수 있겠는가?

믿음 역시 타고난 천성을 체득하여 얻는다. 그리하여 본래 천성이 선하다는 것을 믿는 것이다. 믿음이 없는 사람도 믿음으로 대하는 것은, 성인은 그에게도 역시 타고난 천성이 있어 무위자연의 선한 마음을 가지고 있다는 것을 알고 있기 때문이다. 이러한 까닭으로 천성을 믿는 것을 덕신德信이라 한다.

성인은 세상에 임할 때 모든 것을 포용하면서 천하를 위해 그 마음을 혼연일체로 만든다. 백성들 모두가 귀와 눈에 주목해도, 성인은 그들을 모두 어린 아이처럼 천진난만하게 대한다.

성인이 세상 속에서 모든 것을 포용하는 것은 본래 버리고 취할 것이 없기 때문이다. 성인은 모든 탐욕이 자기 자신 속에 있음을 본다. 그리하여 세상의 티끌 속으로 들어갈 수 있는 것이다. 결국 그들의 마음과 혼연일체가 됨으로써, 도리어 세상을 벗어나게 된다.

백성들이 귀와 눈에 주목하는 것은 상에 집착하는 것이다. 귀로 들은 소리에 분별하고, 눈으로 본 것에 분별하여 잠시도 편할 날이 없다. 그러나 성인은 이들을 어린아이처럼 천진난만하게 대함으로써, 세상을 벗어나게 된다.

49장 선과 믿음은 타고난 천성이다

50장

도에는 죽음의 자리가 없다

出生入死 출생입사
태어나서 죽음으로 들어가게 되는 것은,

生之徒十有三 생지도십유삼
태어나는 무리가 열에 셋이고,

死之徒十有三 사지도십유삼
죽음의 무리도 열에 셋이며,

人之生 인지생
사람의 생이

動之死地 동지사지
움직여 죽음의 땅으로 가는 것

亦十有三 역십유삼
역시 열에 셋이다.

夫何故 부하고

대저 무슨 까닭인가?

以其生生之厚 이기생생지후

그 생을 살아가는 것이 두텁기 깊기 때문이다.

蓋聞善攝生者 개문선섭생자

듣건대 생명을 잘 유지하는 사람은,

陸行不遇虎兕 륙행불우호시

육지로 가도 범이나 외뿔소를 만나지 않고,

入軍不被甲兵 입군불피갑병

전쟁터에서도 갑옷과 병기에 상해를 입지 않는다.

兕無所投其角 무소투기각

외뿔소도 그 뿔로 받을 곳이 없고

虎無所措其爪 호무소조기조

호랑이는 그 발톱으로 둘 곳이 없으며,

兵無所容其刃 병무소용기인

병기도 그 칼날을 들이밀 곳이 없다.

夫何故 부하고

대체 무슨 까닭인가?

以其無死地 이기무사지

그 사람에게는 죽음의 자리가 없기 때문이다.

제50장에서 노자는 사람의 생이 움직여 죽음의 땅으로 가는 것은 그 생을 살아가는 것이 두텁기 때문이라 한다. 생명을 잘 유지하는 사람은 육지로 가도 범이나 외뿔소를 만나지 않으니, 그 사람에게는 죽음의 자리가 없기 때문이다.

태어나서 죽음으로 들어가게 되는 것은, 태어나는 무리가 열에 셋이고, 죽음의 무리도 열에 셋이며, 사람의 생이 움직여 죽음의 땅으로 가는 것 역시 열에 셋이다. 대저 무슨 까닭인가? 그 생을 살아가는 것이 두텁기_{깊기} 때문이다.

태어나서 죽음으로 들어가게 되는 것이 열에 아홉이라는 것은 일반적으로 이해하기가 쉽지 않다. 생사의 의미는 선으로 보면 "한 생각 일으킬 때 이미 죽은 것이요, 한 생각 일으킨 줄 자각할 때 살아나는 것"이다. 그러므로 열에 아홉은 탐진치 삼독으로 이미 죽는다고 하는 것이며, 그 생을 살아가는 것은 탐욕과 성냄과 어리석음이 깊기 때문이다. 태어나고 죽는 것이 곧 생각이고, 삶에 대한 집착은 죽음을 거부하려는 생각이다.

지금 이 시대에는 위험하지 않은 것이 없다. 그 가운데 나 자신이 가장 위험한 존재이다. 그 까닭은 늘 희·노·애·락을 추구하며 살아가는 생각으로 인하여, 감정에 얽매임으로 올바른 판단을 할 수 없게 되기 때문이다.

세인들은 탐·진·치의 삼독으로 삶을 살기 때문에 살아도 살지 못하고 죽어도 죽는 줄을 알지 못한다. 이 몸뚱이는 가죽 주머니에 똥을 담은 피고름 덩어리다. 밖으로 아무리 치장을 하여도 안에는 더러운 것으로 채워져 있다. 그러므로 한 번 숨을 놓으면 피는 곧 엉기어 고름으로 변하고, 그것은 모두 독한 냄새를 풍기는 송장으로 변하고 마는 것이다. 어찌 삶이 두렵지 않겠는가?

듣건대 생명을 잘 유지하는 사람은, 육지로 가도 범이나 외뿔소를 만나지 않고, 전쟁터에서도 갑옷과 병기에 상해를 입지 않는다. 외뿔소도 그 뿔로 받을 곳이 없고 호랑이는 그 발톱으로 둘 곳이 없으며, 병기도 그 칼날을 들이밀 곳이 없다. 대체 무슨 까닭인가? 그 사람에게는 죽음의 자리가 없기 때문이다.

생명을 잘 유지한다는 것은 자신의 생사生死를 아는 것이다. 생사의 칼날이 찰나에 있음이다. 한 순간도 생사의 틈을 주지 않는다. 본래 생사라는 말이 생각에서 비롯하기 때문이다.

노자에게 죽음의 자리가 없다는 것은, 삶의 자리도 없는 것이다. 즉 태어났다는 생각, 죽는다는 생각이 없기 때문이다.

노자는 도의 필연성을 생사로 밝히고 있다. 도의 능력이란 결국 생사를 해결하는 것이다. 특히 시비와 분노가 일어날 때 무엇으로 막을 것인가? 이것을 막지 못하면 외뿔소나 호랑이가 문제이겠는가? 우리는 한 순간에 생명을 유지하지 못한다는 것을 잘 알고 있다.

도와 덕을 잃어버리고 나면 남는 것은 무엇이겠는가?

무리하게 삶을 연장하지 않아야 한다. 마음을 늘 밖으로 향하게 하여 정신을 어지럽히고 고달프게 하므로 자신을 잃어버리게 된다.

어떻게 하면 생명을 잘 유지할 수 있겠는가? 오직 자신의 탐욕을 벗어나는 일일 것이다. 스스로 잘못을 알아서 참회할 줄 아는 것이 이성理性의 자각이다. 참회는 늘 인간의 생사를 지키는 파수꾼과도 같다.

그러나 인간은 자신의 존재를 부각시키기 위하여 일생을 허비한다. 그리고 죽음이 왔을 때도 그의 삶은 지속할 것이다. 우리는 다만 긴 시간 동안 아주 짧게 어리석음을 의식할 뿐이며 편안하고 한가한 시간 역시 찰나 동안일 것이다. 이 찰나에 죽음의 자리는 있겠는가?

51장
생각의 실체를 알면 무위자연의 도를 안다

道生之 도생지

도는 만물을 낳고,

德畜之 덕축지

덕은 만물을 기르며,

物形之 물형지

만물은 형태를 갖추고,

勢成之 세성지

형세는 생명을 이룬다.

是以萬物莫不尊道而貴德 시이만물막불존도이귀덕

이로써 만물은 도를 존중하고 덕을 귀중하게 여기지 않을 수 없다.

道之尊 도지존

도를 존중하는 것과

德之貴 덕지귀

덕을 귀하게 여기는 것은

夫莫之命而常自然 부막지명이상자연

가르치지 않아도 언제나 스스로 그러하다.

故道生之 고도생지

그러므로 도는 만물을 낳고

德畜之 덕축지

덕은 만물을 기르며,

長之 장지

자라게 하고,

育之 육지

양육하며,

亭之 정지

균등하게 하고,

毒之 독지

여물게 하며,

養之 양지

먹여주고,

覆之 복지

보살펴준다.

生而不有 생이불유

낳고도 소유하지 않고,

爲而不恃 위이불시

하고도 의지하지 않으며,

長而不宰 장이부재

성장시키고도 주장하려 하지 않으니,

是謂玄德 시위현덕

이를 일컬어 현묘한 덕이라 한다.

제51장에서 노자는 도와 덕은 만물을 낳고 기르니, 만물은 도와 덕을 존중하고 귀중하게 여긴다고 하며, 이를 일컬어 현묘한 덕이라 한다.

도는 만물을 낳고, 덕은 만물을 기르며, 만물은 형태를 갖추고, 형세는 생명을 이룬다. 이로써 만물은 도를 존중하고 덕을 귀중하게 여기지 않을 수 없다. 도를 존중하는 것과 덕을 귀하게 여기는 것은 가르치지 않아도 언제나 스스로 그러하다.

어떻게 도가 만물을 낳고 덕이 만물을 기르는가?

도는 곧 우리 자신의 본래 타고난 성품이다. 이 성품이 없으면 마음도 없다. 또한 마음의 작용도 없다.

도가 있어 생각을 일으킬 수 있는 것이다. 인간은 이 일으킨 생각으로 언어를 만들고 이름 지어 만물을 만든다. 도라고 말하는 도는 도가 아니듯이, 모든 만물도 이름일 뿐이다. 이름 짓는 것을 만물을 낳는다고 하는 것이다.

덕은 어떻게 만물을 기르는가?

만물의 원리를 터득하는 것이 만물을 기르는 것이다.

그렇다면 우리가 스스로 만든 만물을 어떻게 인식해야 할까? 생각의 실체를 아는 것이 무위자연의 도를 아는 것이다. 그러나 생각의 실체는 연기와 같이 일어났다가 없어지는 것과 같으므로, 다만 순간순간 스스로 일으킨 생각을 관조할 뿐이다.

생각을 관조觀照하는 것이 덕이다. 관조할 때 덕은 스스로 만물을 기르게 되고, 저절로 만물이 덕을 기르게 된다. 이것으로 형세를 이룬다고 한다.

스스로 그러한 것이 자연의 이치일 뿐이다.

그러므로 도가 만물을 낳고 덕은 만물을 기르며, 자라게 하고, 양육하며, 균등하게 하고, 여물게 하며, 먹여주고, 보살펴준다.

도가 있어도 몸이 없다면 어떻게 만물을 낳을 수 있겠는가? 덕이 있어도 나라고 하는 몸뚱이가 없다면 어떻게 만물을 기를 수 있겠는가? 사실 도와 덕은 바로 나 자신을 낳고 길러준다. 자연의 양식인 도와 덕으로 내가 존재한다.

  더욱이 도와 덕을 외면한 채 산다면, 어떻게 자라게 하고 양육하고 균등하게 할 수 있겠는가? 도와 덕이 없다면 생각의 실체를 알지 못하고, 생각이 일으킨 탐욕과 분노를 조절하기가 어려울 것이다.

  누가 가르치지 않아도 스스로 움직일 줄 안다고 하니, 무엇이 그렇게 만드는가? 배고프면 먹을 줄 알고, 목마르면 물을 찾는다. 잠이 오면 잠을 자고, 먹고 배설하는 것을 누가 하는가?

  마실 줄 아니 마음은 도와 덕을 떠나 작용할 수 없다. 그러므로 도와 덕이 만물을 낳고, 기르고, 평정심을 갖게 하고, 성숙시키고, 먹여주고, 보살펴준다고 한다.

  이때 저절로 일어나는 의심, "나는 누구인가?", "나 자신에게서 도와 덕은 무엇인가?"

  낳고도 소유하지 않고, 하고도 의지하지 않으며, 성장시키고도 주장하려 하지 않으니, 이를 일컬어 현묘한 덕이라 한다.

만물을 낳고도 소유하지 않는 것은 만물에는 실체가 없음이니, 몸조차도 지킬 수 없다면 무엇을 소유할 수 있겠는가? 만일 생각이 도를 만나지 못하면 어리석음으로 영원히 고통이라는 굴레를 벗어나지 못할 것이다. 그러나 인간의 생각이 도를 만나면 찰나에 현덕이 된다.

　자연이 운행하는 이치를 안다면, 곧 도를 만나는 것이다. 사람이 도를 만나면 낳고도 소유하지 않고, 하고도 의지하지 않으며, 성장시키고도 지배하려 하지 않는다. 이것을 현덕이라 한다.

　무지는 탐욕을 생각의 먹이로 삼는다. 탐욕이 일어나는 곳을 보는 것이 현덕이다. 만물에 대한 탐욕과 집착심이 가장 큰 어리석음인 줄 아는 것이 현묘한 덕이다.

　이 현덕으로 능히 이 탐욕의 사슬에서 벗어날 수 있을 것인가? 천년 묵은 굴택窟宅이 부서져 나감이다.

52장

천하의 시초가 어머니다

天下有始 천하유시
천하에 시초가 있어,

以爲天下母 이위천하모
이로써 천하의 어머니가 된다.

旣得其母 기득기모
이미 그 어머니를 얻었으니

以知其子 이지기자
이로써 자식을 알 수 있고

旣知其子 기지기자
이미 그 자식을 알았으니,

復守其母 부수기모
다시 그 어머니를 지키면,

沒身不殆 몰신불태

몸이 다하는 날까지 위태롭지 않다.

塞其兌 색기태

그 구멍을 막고

閉其門 폐기문

그 문을 닫으면,

終身不勤 종신불근

종신토록 근심하지 않는다.

開其兌 개기태

그 구멍을 열고

濟其事 제기사

그 일을 헤쳐 나가려 하면,

終身不救 종신불구

종신토록 구제할 수 없을 것이다.

見小曰明 견소왈명

작은 것 보는 것을 밝음이라 하고,

守柔曰强 수유왈강

부드러움 지키는 것을 강함이라 말한다.

用其光 용기광

그 빛의 작용으로,

復歸其明 복귀기명
다시 그 밝음으로 돌아가야

無遺身殃 무유신앙
자신에게 재앙을 남기지 않을 것이니,

是爲習常 시위습상
이것을 항상하는 습관으로 삼는다.

제52장에서 노자는 도와 덕을 각각 어머니와 자식에 비유한다. 자식이 어머니를 본보기로 삼는 것이 곧 빛으로 관조觀照하는 것이며, 이 빛을 항상 생활 속에서 습관적으로 행하여 밝음으로 돌아감을 말한다.

천하에 시초가 있어, 이로써 천하의 어머니가 된다.

1장에서 '무명천지지시 유명만물지모'라 하였다. 무명은 지혜며, 유명은 지식이다. '천하에 시초가 있다'라고 말한 것이 '이름이 생기는 것'이니 시초가 된다. 그러므로 태초에 말씀이 있었다고 한 것이다.

천하의 시초가 어머니다. 이는 타고난 도道이며 본래 타고난 성품이다. 그리고 자연이다. 이리하여 어머니는 곧 만물을 낳는다.

인간의 사유思惟가 언어를 창출하기 시작하고, 언어를 따라서 만물이 생겨난다.

이미 그 어머니를 얻었으니 이로써 자식을 알 수 있고 이미 그 자식을 알았으니, 다시 그 어머니를 지키면, 몸이 다하는 날까지 위태롭지 않다.

그 어머니의 자식이 태어났다. 자식은 누구인가?

마음이 곧 육근의 어머니다. 육근六根은 우리의 몸이다. 안근眼根·이근耳根·비근鼻根·설근舌根·신근身根·의근意根이다. 이 육근의 감각기관이 일으킨 생각들이 자식이다. 이러한 자식들이 세상을 이루었다.

자식을 알면 어머니를 지킬 수 있다. 육근의 감각기관을 관조할 때, 그리고 마음이 어리석지 않아 육근이 일으킨 생각들을 자각할 때, 어머니를 지키는 것이다. 이것이 곧 몸이 죽을 때까지 위태롭지 않다는 것이다.

> 그 구멍을 막고 그 문을 닫으면, 종신토록 근심하지 않는다.

어떻게 그 구멍을 막고, 그 문을 닫을 것인가?

이것이 가장 어려운 일 가운데 하나이다. 입으로 말하기는 쉬우나, 입을 막기는 어렵기 때문이다. 입이 문이며, 육근의 모든 문이 이와 똑같다.

눈으로 형상을 보면서 아름다움과 추함의 경계를 분별하여 말한다. 귀로는 소리를 들으면서 싫어하는 소리, 좋아하는 소리의 경계를 분별하여 말한다. 코로는 냄새를 맡으면서 향기로운 냄새와 악취의 경계를 분별하여 말한다. 혀로는 맛을 보면서 신맛과 단맛, 쓴맛과 매운맛 등의 경계를 분별하여 말한다. 몸으로는 감각을 느끼며 쾌락과 불쾌의 경계를 분별하여 말한다. 생각으로는 모든 존재를 실제로 존재한다고 믿기 때문에 착각의 경계를 분별하여 말한다.

육근自識의 경계를 자각하여 스스로 분별함이 없는 것이 육근의 구멍을 막고 닫는 것이다. 이렇게 할 때, 죽을 때까지 고통이 없다는 것이다.

> 그 구멍을 열고 그 일을 헤쳐 나가려 하면, 종신토록 구제할 수

없을 것이다.

   그 구멍을 열었다는 것 자체가 상대가 일으킨 생각의 경계에 끄달렸기 때문에, 주장과 분노를 함께 내세운다. 육근의 경계를 모르고 그 구멍을 연다면, 형상과 소리와 냄새와 맛과 쾌락과 존재에 대하여 집착하게 되어, 종신토록 구원을 받지 못하게 된다는 것이다.

   작은 것 보는 것을 밝음이라 하고, 부드러움 지키는 것을 강함이라 말한다.

   무엇이 작은 것인가? 눈으로 볼 수 없고 안으로 마음의 움직임을 보는 것이니, 작은 것이다. 이 작은 것 보는 것을 밝음이라 한다. 그 빛의 작용으로 부드러움을 지키는 것을 강彊이라 말한다.
   강은 자기 자신의 주장이나 견해를 내세우는 것이다. 빛의 작용으로 자신의 주장이나 견해를 관조한다면 어찌 부드러워지지 않을 수 있겠는가?
   모르는 줄 모르면 주장이나 견해를 즐긴다. 모르는 줄 알면 주장이나 견해를 벗어난다. 그 근거가 '나'라고 하는 강한 집착에서 비롯하기 때문이다.

이를 깨달아 그 밝음으로 돌아가면 자신에게 재앙이 오지 않는다고 한다.

그 빛의 작용으로, 다시 그 밝음으로 돌아가야 자신에게 재앙을 남기지 않을 것이니, 이것을 항상하는 습관으로 삼는다.

빛의 작용이란 스스로 일으킨 생각을 관조하는 것이다. 상대방의 허물을 보자마자 나의 허물로 본다면 어찌 잘못이 있겠는가? 이것이 누구나 가지고 있는 밝음의 작용이며 빛의 효능이다.

어떻게 이것이 습상襲常이 되는가?

습상襲常은 상습常襲의 뜻으로 늘 하는 습관이다. 밝음의 관조는 자연의 유일한 유산이며, 온전한 덕이다. 이것이 습상이 되어 늘 탐욕과 성냄과 어리석음을 살핀다면, 능히 재앙으로부터 벗어나게 될 것이다.

만일 자연이 준 도의 혜택을 충분히 생활 속에서 습상으로 삼지 않으면, 결코 인간이 탐욕과 성냄과 어리석음의 삼독으로부터 재앙을 벗어날 수 있겠는가?

53장

무엇이 대도인가

使我介然有知 사아개연유지
나에게 조금이라도 아는 것이 있다면

行於大道 행어대도
큰 길을 걸어가면서

唯施是畏 유시시외
오직 비뚤어질까 두렵다.

大道甚夷 대도심이
큰 길은 매우 평이하나,

而民好徑 이민호경
백성들은 지름길을 좋아한다.

朝甚除 조심제
조정에는 부패되어 인재가 없고,

田甚蕪 전심무

밭에는 잡초가 무성하며,

倉甚虛 창심허

창고는 텅 비어있는데도,

服文綵 복문채

화려한 비단옷을 입고,

帶利劍 대리검

날카로운 칼을 차며,

厭飮食 염음식

음식은 물리도록 먹고,

財貨有餘 재화유여

재화는 남아 여유가 있다.

是謂盜夸 시위도과

이것이 도둑의 자랑이라 이르니,

非道也哉 비도야재

도가 아니다.

제53장에서 노자는 조금이라도 인위적으로 아는 것이 있어 사용하게 되면 대도의 길에는 방해가 됨을 말한다. 대도大道로 가려고 한다면 안다는 생각부터 버려야 할 뿐만 아니라, 배워서 아는

것의 폐단도 지적한다.

나에게 조금이라도 아는 것이 있다면, 큰 길을 걸어가면서, 오직 비뚤어질까 두렵다. 큰 길은 매우 평이하나, 백성들은 지름길을 좋아한다.

대도는 무엇인가?

안다는 생각을 일으키지 않는 것이다. 의지로 일으키는 생각은 욕망일 뿐이다. 욕망은 항상 우리를 위태롭게 한다.

우리의 몸은 곧 자연의 일부로서 잠시 머물다 가는 것이다. 그럼에도 불구하고, 오직 인간만이 영원을 꿈꾸며 산다.

많이 배워 남보다 나은 삶을 꿈꾸고, 좋은 집과 좋은 음식을 탐하며, 권력과 명예를 탐하여 남과 차별을 한다. 나아가 생명의 연장에 대한 탐욕이 의료와 과학을 발전시켜, 자신의 쾌락을 위하여 인간은 멈추는 법이 없다. 노자는 스스로 대도를 핑계 삼아서 조금이라도 안다는 생각을 일으키는 것을 경계한다.

대도가 평탄한 것은 마음을 밖으로 향하게 하지 않고, 늘 안으로 비추어 보게 하여 항상 감각기관을 자각하기 때문이다. 그리하여 정신을 어지럽히거나 고달프게 하지 않는다. 따라서 마음은 늘 평탄하게 작용한다.

 백성들이 지름길을 좋아하는 것은 오직 밖으로만 치달아 영달을 목적으로 하기 때문이다. 그러므로 정신은 늘 어지럽고 고달프게 되는 것이다.

 조정에는 부패되어 인재가 없고, 밭에는 잡초가 무성하며, 창고는 텅 비어있는데도, 화려한 비단옷을 입고, 날카로운 칼을 차며, 음식은 물리도록 먹고, 재화는 남아 여유가 있다. 이것이 도둑의 자랑이라 이르니, 도가 아니다.

 조정은 무엇을 말하는가? 국정을 운영하는 곳이다. 국정은 백성의 삶을 평안케 하려는 것이다. 그러나 조정이 부패하여 인재가 없다면 누가 백성의 삶을 돌보겠는가?

 마찬가지로 우리의 마음은 무엇이 운영하는가? 타고난 성품이다. 이 천성이 제 역할을 못하게 되면, 마음은 방황하게 될 것이다. 탐욕을 제재하지 못하여 번뇌는 고통을 동반하게 되고, 안다는 생각만 가득차서 생각의 실체를 알지 못한다.

 따라서 탐욕의 눈으로는 세상을 바로 보지 못하여, 결국은 앎의 폐단으로써 혜안慧眼을 잃어버린다. 그러므로 대도의 길을 스스로 벗어나서 지혜가 고갈되는 원인을 제공한다. 이것이 창고가 텅 비어 있는 것과 같다.

화려한 옷과 탐욕의 칼을 차고 배불리 먹고 재물은 넘친다. 지금 우리의 삶이 무엇이 문제인가? 잘 살기 위하여 숨 가쁘게 달려온 인생에 남는 것은 후회일 것이다. 어리석음의 증거가 후회다.

필경에는 어리석음으로 후회하기 위하여 사는 것인가라고 묻는다. 이것을 도둑의 자랑이라 하니 도가 아니다. 그러므로 우리가 잘못을 하고도 무엇을 잘못한 것인지도 모르는 것이 가장 큰 도둑이다. 탐욕을 내고도 스스로 돌이켜 보지 않으니 어찌 도둑을 면할 손가?

이미 타고난 본성을 탐욕에 의하여 도둑을 맞았다. 이러한 탐욕을 자랑하다니 어찌 도이겠는가?

54장

세상은 왜 항상 혼란스러운가

善建者不拔 선건자불발

잘 세운 것은 뽑히지 않고,

善抱者不脫 선포자불탈

잘 끌어안은 것은 이탈하지 않으니,

子孫以祭祀不輟 자손이제사불철

자손이 이로써 제사가 그치지 않는다.

修之於身 수지어신

자기 자신에 도를 수행하면,

其德乃眞 기덕내진

그 덕이 곧 참될 것이고,

修之於家 수지어가

집안에 도를 수행하면,

其德乃餘 기덕내여
그 덕이 곧 여유로워질 것이고,

修之於鄕 수지어향
마을에 도를 수행하면,

其德乃長 기덕내장
그 덕이 오래갈 것이고,

修之於國 수지어국
나라에 도를 수행하면,

其德乃豊 기덕내풍
그 덕이 풍성해질 것이고,

修之於天下 수지어천하
천하에 도를 실천하면,

其德乃普 기덕내보
그 덕이 두루 퍼질 것이다.

故以身觀身 고이신관신
그러므로 자신으로써 자신을 관조하고,

以家觀家 이가관가
가정으로써 가정을 관조하며,

以鄕觀鄕 이향관향
마을로써 마을을 관조하고,

以國觀國 이국관국

나라로써 나라를 관조하며,

以天下觀天下 이천하관천하

천하로써 천하를 관조한다.

吾何以知天下然哉 오하이지천하연재

내가 무엇으로써 천하가 그러함을 알겠는가?

以此 이차

이로써이다.

제54장에서 노자는 도의 작용을 통하여 자기 자신을 관조함으로써 천하를 관조할 수 있다고 한다. 그리고 도와 덕이 항상 자신과 함께 나아감을 아는 것이 도와 덕의 효능이라는 것을 말한다.

잘 세운 것은 뽑히지 않고, 잘 끌어안은 것은 이탈하지 않으니, 자손이 이로써 제사가 그치지 않는다.

무엇을 일러 잘 세운 것은 뽑히지 않는다는 것인가?

물론 잘 세운 건물은 오랜 세월을 가도 흔들리지 않는다. 도 즉 근본이 견고한 사람은 탐욕으로 흔들리지 않으니, 쉽게 무너지지 않는다.

　예를 들자면, 옛날 도인은 잠잘 때에는 꿈을 꾸지 않아, 깨어있을 때에는 근심이 없었으며, 먹을 때에는 달게 여기지 않았다. 또 도인의 숨은 발뒤꿈치까지 미치는데, 보통 사람의 숨은 목구멍까지 미칠 뿐이다. 숨이 거칠고 얕으면 마음이 동요하게 되고, 숨이 깊다는 것은 끊이지 않고 이어진다는 뜻이다. 따라서 욕망이 깊은 사람은 자연히 기틀이 얕다.

　자손이 제사를 그치지 않는다는 것은 자손이 끊이지 않는 것이며, 사람의 도가 자연을 닮아 생명의 근원인 도道 역시 끊이지 않는 것과 같다.

자기 자신에 도를 수양하면, 그 덕이 곧 참될 것이고,

　도를 깨닫지 않으면, 자기 자신의 허물을 참회하는 덕이 충실하지 못하게 된다. 그러므로 자신을 수양하는 것이 곧 덕으로 진실하게 되는 것이다.

　만일 자신이 스스로 자신을 돌이켜 본다면, 역경이나 실패에 처해서도 그것을 거스르지 않고 주어진 대로 받아들인다. 공을 이루어도 뽐내지 않고, 인위적으로 일을 도모하지 않으며, 모든 일을 자연에 맡긴다. 또한 태어남을 기뻐하지 아니하며, 죽음을 거부하지도 아니한다. 그리고 타고난 천성을 위배하지 않고, 인위적인 행위로 무리하게 자연의 운행을 조장助長하지 않는다.

이것이 진실한 덕이다.

집안에 도를 수행하면, 그 덕이 곧 여유로워질 것이고, 마을에 도를 수행하면, 그 덕이 오래갈 것이고, 나라에 도를 수행하면, 그 덕이 풍성해질 것이고, 천하에 도를 실천하면, 그 덕이 두루 퍼질 것이다.

항상 자기 자신을 돌아봄으로써 가족에 대한 여유가 생기고, 집안을 위하여 모든 것을 양보하고 가족을 사랑하게 된다. 도를 모르고 스스로 욕망에만 치우친다면 가족이 바로 보이겠는가? 양보와 사랑은 자신의 진정한 모습을 자각할 때 가능할 것이다. 다만 실천하기가 어려울 뿐이다.

그러므로 자신의 주장과 견해를 버리고 타고난 천성을 따르면 세상을 얻을 수 있을 것이다.

그러므로 자신으로써 자신을 관조하고, 가정으로써 가정을 관

조하며, 마을로써 마을을 관조하고, 나라로써 나라를 관조하며, 천하로써 천하를 관조한다. 내가 무엇으로써 천하가 그러함을 알겠는가? 이로써이다.

도에 정해진 법이 있지 않아서, 탐욕으로 경쟁을 위한 시기와 분노는 자신도 망치고 남도 망친다. 그 기준은 나 아닌 상대가 원하는 것으로 조율한다.

이때 관조한다는 것은 남의 탐욕을 보는 자체가 나의 마음속에도 같은 탐욕의 생각이 있다는 것을 증거로 삼는다. 내가 무엇으로 천하가 그렇게 한 것을 알겠는가? 도를 통하여 스스로 관조할 줄 아는 능력이 있기 때문이다.

상대를 만나면 스스로 자신을 돌아보고 상대의 허물이 곧 자신의 허물임을 보는 것이다. 상대의 집을 만나면 곧 우리 집의 허물을 보아서 상대방 집의 허물을 덮어준다. 국가나 천하에 대해서도 마찬가지이다.

인간이 혼자 있다면 도와 덕이 왜 필요한가? 도와 덕은 내가 있고, 세상이 있기 때문에 필요하다. 자기 주장으로써 세상에 나아간다면 세상은 분열되고 말 것이다.

지금 세상은 혼란스럽다. 무슨 이유일까? 옳고 그름의 양단을 판단하여 선택하면 곧 그르친다. 상대가 원하는 것을 발견하여 맞추어 줄 뿐이다. 내가 무엇으로 천하가 그러함을 알겠는가? "밖을 보면서 안을 보기 때문일 것이다."

55장

자연의 순리에 따르는 것이 덕이다

含德之厚 함덕지후
덕의 후덕함을 머금은 것은

比於赤子 비어적자
갓난아이에 비유된다.

蜂蠆虺蛇不螫 봉채훼사불석
벌과 독사에 쏘이지 않고

猛獸不據 맹수불거
맹수도 덤벼들지도 못하고,

攫鳥不搏 확조불박
사나운 새도 채가지 못한다.

骨弱筋柔而握固 골약근유이악고
뼈도 약하고 그 힘줄도 부드러우나 그 잡는 힘은 단단하다.

未知牝牡之合而全作 미지빈모지합이전작

암컷과 수컷의 합궁을 알지 못하나 어린아이의 생식기가 작동하는 것은,

精之至也 정지지야

정기가 지극하기 때문이다.

終日號而不嗄 종일호이불사

하루 종일 울어도 목이 쉬지 않는 것은,

和之至也 화지지야

조화의 지극함 때문이다.

知和曰常 지화왈상

조화를 아는 것을 항상하는 법칙이라 하고,

知常曰明 지상왈명

법칙을 아는 것을 밝음이라 한다.

益生曰祥 익생왈상

삶에 이로움은 재앙이라 말하며,

心使氣曰强 심사기왈강

마음이 기를 부리는 것을 고집 거역 이라 말한다.

物壯則老 물장즉로

만물이 장성하면 노쇠하게 되니,

謂之不道 위지부도

도가 아니라 이르고,

不道早已 부도조이

도가 아닌 것은 일찍이 그치게 된다.

제55장에서 노자는 덕의 넉넉함을 때묻지 않는 어린아이에 비유하여 말한다. 무위자연의 조화를 아는 것을 법칙이라 하고, 법칙을 아는 것을 밝음이라 한다.

덕의 후덕함을 머금은 것은 갓난아이에 비유된다. 벌과 독사에 쏘이지 않고 맹수도 덤벼들지도 못하고, 사나운 새도 채가지 못한다.

덕의 후덕함을 어떻게 아는가?

갓난아이는 배고프면 울고, 아파도 운다. 그러나 스스로 해결하지 않는다. 주는 대로 먹고, 배부르면 잔다.

덕은 인위적이지 않아서 자연의 순리에 따르는 것이다. 그래서 모든 일을 억지로 해결하려 하지 않는 것이 덕이다.

맹수를 보고도 해친다는 마음을 먹지 않으면, 어떠한 짐승도 해치지 못함을 말한다. 그리고 자연에 의지하여 엎드린 자는 외물에 의하여 공격당하지 않는다.

뼈도 약하고 그 힘줄도 부드러우나 그 잡는 힘은 단단하다. 암컷과 수컷의 합궁을 알지 못하나 어린아이의 생식기가 작동하는 것은, 정기가 지극하기 때문이다.

도는 골격이 약하듯이 주장하는 바가 없다. 근육이 부드러운 것은 마음속에 탐욕을 가지지 않기 때문이다. 그러나 본래 타고난 천성은 단단히 쥐고 있다.

예를 들자면, 어린아이의 생명력은 마치 잡초와 같아서, 뼈는 약하고 근육은 부드러운 것이 단단한 뿌리에 비유된다.

암컷과 수컷이 음양의 이치로 세상을 공존하는 이유는 생식기의 본능 또한 도의 작용으로 해석되기 때문이다. 의식하지 않아도 본능적으로 몸이 반응하듯이, 어린아이의 생식기가 작동하는 것은 자연의 정기가 지극하여 새로운 생명의 원천이 되기 때문이다.

하루 종일 울어도 목이 쉬지 않는 것은, 조화의 지극함 때문이다. 조화를 아는 것을 항상하는 법칙이라 하고, 법칙을 아는 것을

밝음이라 한다.

조화는 음양의 이치를 아는 것이다. 낮과 밤, 암컷과 수컷, 계절의 변화 등 무위자연의 이치를 아는 것이다. 선禪에서는 고苦가 도임을 아는 것이, 복이 재앙임을 아는 것이 법칙이라 말한다. 이러한 법칙을 아는 것이 밝음이다.

조화의 지극함이란 자연의 이치이다. 조화란 대자연이며 창조이다. 인위적인 힘으로는 불가능한 것이다.

삶에 이로움은 재앙이라 말하며, 마음이 기를 부리는 것을 고집거역이라 말한다. 만물이 장성하면 노쇠하게 되니, 도가 아니라 이르고, 도가 아닌 것은 일찍이 그치게 된다.

삶에 이로운 것이 재앙이라 하는 것은 무슨 의미인가? 삶이 너무 풍족하고 즐거우면 무엇을 잃어버리고 사는 줄을 모른다.

도는 자신에게로 돌아가는 것이다. 그러나 삶에 이로운 것은 가장 중요한 자신을 잃어버리게 한다. 그러므로 이로운 것이 곧 해로운 것이 되는 것이다.

인간의 마음이 곧 욕망에 끌려가는 것을 강强 또는 고집이라 한다. 고집은 마음이 기氣 욕망에 끌리는 것으로 도에 거스르는 것이기 때문이다.

만물은 실존하는 생명체이며, 무위자연의 조화를 따른다. 따라서 만물이 성장한다는 것은 곧 노쇠하게 됨을 말한다.

인간은 이제 생명까지도 관념적으로 재구성하는 데 착수한다. 그러나 삶은 영원한 것이 아니다. 노자는 인간의 지성知性이 이를 받아들이지 못한다고 말한다. 즉, 인간의 지성은 의도와 계산에 따라 일하며, 목적에 맞춰 수단을 찾는다. 이는 도가 아니므로 영원할 수가 없다.

56장

어째서 구멍을 막고 문을 닫는가

知者不言 지자불언
아는 사람은 말하지 않고

言者不知 언자부지
말하는 사람은 알지 못한다.

塞其兌 색기태
그 구멍 육근을 막고,

閉其門 폐기문
그 문을 닫으며,

挫其銳 좌기예
그 날카로움을 무디게 하고,

解其紛 해기분
그 얽힘을 풀어주며,

和其光 화기광
그 빛냄을 화합하게 하고

同其塵 동기진
그 티끌을 함께 하니,

是謂玄同 시위현동
이것을 현동이라 이른다.

故不可得而親 고불가득이친
그러므로 도는 가까이 할 수 없고,

不可得而疏 불가득이소
멀리 할 수 없으며,

不可得而利 불가득이리
이롭게 할 수 없고,

不可得而害 불가득이해
해롭게 할 수 없으며,

不可得而貴 불가득이귀
귀하게 할 수 없고,

不可得而賤 불가득이천
천하게 할 수 없다.

故爲天下貴 고위천하귀
그러므로 천하의 귀한 것이 된다.

제56장에서 노자는 날카로움, 얽힘, 번쩍거림, 티끌 등과 함께 하는 것을 현동 玄同이라 말한다. 이를 아는 사람은 말하지 않고, 말하는 사람은 알지 못한다고 한다. 그 구멍을 막고 그 문을 닫으며 그 티끌과 함께 하므로 천하에서 도가 귀한 것이 된다고 한다.

아는 사람은 말하지 않고 말하는 사람은 알지 못한다.

무엇을 안다는 것인가? 도는 아는 것이 아니므로 말할 수 없다. 무엇을 말한다는 것인가? 도를 말하는 것은 모른다는 것이다. 안다고 말하는 순간 모르는 것을 스스로 드러내는 것이다.

어찌 감히 알음알이로 도를 분별할 수 있겠는가?

그 구멍 육근을 막고 그 문을 닫으며,

구멍이라는 것은 다름 아닌 눈·코·귀·입 등 육근을 말한다. 그러므로 육근을 막는다는 것은 보고, 듣고, 말하는 등 자신의 견해를 보는 것이며, 그 문을 닫는다는 것은 견해를 일으킨 줄 자각하는 것이다. 자각하는 동시에 육근의 문은 닫히게 된다.

> 그 날카로움을 무디게 하고, 그 얽힘을 풀어주며, 그 빛냄을 화합하게 하고, 그 티끌을 함께 하니, 이것을 현동이라 이른다.

이 구절은 4장에도 나온다. 도는 어떻게 날카로움을 무디게 하고, 얽힘을 풀 수 있는가? 자신의 감정이나 생각을 남에게 들킬 때 날카로워진다. 그러나 이러한 감정이나 생각은 욕망에 의하여 움직이는 줄을 자각할 때 날카로움을 무디게 할 수 있다. 생각의 얽힘도 스스로의 욕망으로 인하여 일어난 것인 줄 안다면, 저절로 풀릴 것이다.

빛냄이란 번쩍거려 눈에 거슬리는 것을 말한다. 도는 이러한 번쩍거림을 조화롭게 한다. 이처럼 스스로 번쩍거리고 있는 줄 자각하여 되돌아 갈 줄 안다면, 도와 화합하게 되고, 스스로 잘못을 알아서 드러내기를 꺼리지 않아 티끌과 함께 하므로 현동이라 한다.

현동은 자기의 능력이나 지력智力을 나타내지 않으면서, 속인과 함께 차별 없이 지내는 것을 말한다.

> 그러므로 도는 가까이 할 수 없고, 멀리 할 수 없으며, 이롭게 할

수 없고, 해롭게 할 수 없으며, 귀하게 할 수 없고, 천하게 할 수 없다. 그러므로 천하의 귀한 것이 된다.

도는 어디에 있을까? 찾으면 보이지 않는다.

찾으려 할 때 자신의 몸과 마음에 걸린다. 그렇지만 자신의 몸과 마음을 걸림 없이 마음대로 하기가 어렵다. 사실 자신의 마음이 어떻게 무엇으로 작용하는지 모르고 산다는 것은, 마치 어두운 동굴 안에서 길을 잃어버린 것과 같다. 모든 사람들은 동굴 속에 있으면서 어둠에 익숙해져서, 밝음의 존재를 모른다.

어떻게 해도 도를 얻기가 어려우니, 어디에 도가 있는 것인가? 찾으려 하는 것 그 자체로 가까이 하는 것이고, 멀리하는 것이며, 이롭게 하는 것이고, 해롭지 않게 하는 것이며, 귀하게 하는 것이고, 천하게 하는 것이기 때문이다. 그럼에도 천하 자체는 도를 떠날 수 없으므로, 천하의 귀한 것이 된다.

57장

자신의 생각을 볼 줄 아는 것이 혜안이다

以正治國 이정치국

바름으로써 나라를 다스리고,

以奇用兵 이기용병

기이한 책략으로 군사를 쓰기보다는,

以無事取天下 이무사취천하

일 없이 천하를 취해야 한다.

吾何以知其然哉 오하이지기연재

내가 무엇으로 그러함을 알겠는가?

以此 이차

이것으로써이다.

天下多忌諱 천하다기휘

천하에 꺼리고 피하는 것이 많아지면,

而民彌貧 이민미빈
백성들이 더욱 가난해진다.

民多利器 민다리기
백성들에게 편리한 기물이 많을수록

國家滋昏 국가자혼
국가는 더욱 더 혼미해진다.

人多伎巧 인다기교
사람들에게 기교가 많으면

奇物滋起 기물자기
기이한 물건이 더욱 더 많아진다.

法令滋彰 법령자창
법령이 더욱 더 드러날수록

盜賊多有 도적다유
도적이 많아지게 된다.

故聖人云 고성인운
그러므로 성인이 말하기를,

我無爲而民自化 아무위이민자화
내가 하는 바가 없으니 백성이 저절로 교화되고,

我好靜而民自正 아호정이민자정
내가 고요함을 좋아하니 백성이 저절로 바르게 된다.

我無事而民自富 아무사이민자부
내가 일이 없으니 백성이 저절로 부유해진다.
我無欲而民自樸 아무욕이민자박
내가 욕심을 없애니 백성이 저절로 순박해진다.

제57장에서 노자는 내가 하는 바가 없으니, 백성이 저절로 교화되고, 내가 고요함을 좋아하니 백성이 저절로 바르게 된다고 한다. 내가 일이 없으니 백성이 저절로 부유해지고, 내가 욕심이 없으니 백성이 저절로 순박해진다고 한다.

바름으로써 나라를 다스리고, 기이한 책략으로 군사를 쓰기보다는, 일 없이 천하를 취해야 한다. 내가 무엇으로 그러함을 알겠는가?

본래 타고난 자연의 성품은 배우지 않고 익히지 않아도 저절로 바른 것이다. 배워서 아는 것은 인생에 도움이 되지 않는다. 오히려 잘하려는 생각이 그릇되어 모두를 망친다. 더욱이 스스로 잘못된 생각을 일으킨 줄도 모른다. 생각 속에는 인간의 이기심이 반드시 동반하기 때문이다.

자신의 생각을 볼 줄 안다는 것 자체가 혜안이다. 혜안은 인간에게 가장 탁월한 능력이다. 일 없이 천하를 취하는 것이 이 까닭일 것이다.

내가 무엇으로 그러함을 알겠는가? 스스로 일으킨 생각의 실체를 알기 때문이다. 일으킨 생각은 모두 무위자연을 위배하고 있음을 아는 까닭이다.

이것으로써이다. 천하에 꺼리고 피하는 것이 많아지면, 백성들이 더욱 가난해진다. 백성들에게 편리한 기물이 많을수록 국가는 더욱 더 혼미해진다. 사람들에게 기교가 많으면 기이한 물건이 더욱 더 많아진다. 법령이 더욱 더 드러날수록 도적이 많아지게 된다.

세상 사람들이 꺼리고 피하려는 것은 부지런함, 검소함, 배고픔 그리고 괴로움 등이다. 부지런함을 피하면 피할수록 더욱 게을러지고, 편하기 위하여 편리한 물건을 많이 만든다. 검소함을 피할수록 빈곤해지고, 사치하기 위하여 재물을 많이 낭비한다.

배고픔을 피할수록 더욱 욕구하게 되고, 많은 것을 생산하기 위하여 자연을 훼손한다. 괴로움을 피하기 위하여 즐거움을 찾게 되고, 끝이 없는 쾌락 때문에 더욱 고통을 받는다.

오늘날 우리는 풍족한 삶을 누린다. 겨울에도 냉장고가 있어야 하고, 세탁기 없으면 하루도 살 수 없다. 생필품도 넘쳐나서 주체할 수 없을 지경이다. 이는 인간이 편리함과 쾌락을 지속적으로 탐욕한 결과이다.

이로 인해 우리의 마음은 더욱 게을러진다. 인간의 마음이 게으를수록 스스로 자멸의 길로 나아가게 된다. 잘 먹어 생기는 병이 못 먹어 생기는 병보다 더 많고, 편해서 생기는 병이 힘들어 생기는 병보다 더 많다고 한다.

즐거움과 쾌락 등은 끝이 없으며, 욕망의 끝은 혼돈과 파괴일 뿐이다. 국가가 더욱 혼란한 이유는 세상 사람들이 탐욕으로 인하여 기교技巧가 많아지기 때문이다. 탐욕을 채울 수 있는 물건들로 가득하고, 탐욕이 절제가 되지 않을수록 남의 것을 가지려고 한다. 그것을 막으려는 법령이 증가하는 것이다. 그럴수록 국가는 더욱 더 혼미해지고 도적이 많아진다.

그러므로 성인이 말하기를, 내가 하는 바가 없으니 백성이 저절로 교화되고, 내가 고요함을 좋아하니 백성이 저절로 바르게 된다. 내가 일이 없으니 백성이 저절로 부유해진다. 내가 욕심을 없애니

백성이 저절로 순박해진다.

성인은 무엇을 본 것인가?

성인이 말하기를 내가 하는 바가 없으면, 백성이 스스로 교화된다고 한다. 성인이 백성을 교화하려는 생각이 있다면, 이미 그 의도하는 바가 있어 교화하지 못한다. 다만 백성들의 생각을 안다면, 백성들은 저절로 교화가 될 것이다.

성인이 고요함을 좋아한다는 것은, 원하는 바가 없으니 그것으로 백성이 바르게 되는 것이다. 일이 없으니 백성이 저절로 부유해지는 것은, 욕망이 없으니 백성이 그대로 부유한 것이며 순박한 것이다.

궁극적으로는 내가 세상을 어떻게 보느냐에 따라 세상이 나에게 응답한다. 내가 우주이자 세상이기 때문이다.

누구를 탓하리요! 필경에는 다시 자연으로 되돌아 갈 것이다.

노자의 도가 이 시대에 왜 필요한가? 이 도를 들으면 어리석은 자는 웃는다고 노자는 말한다.

58장

화와 복은 둘이 아니다

其政悶悶 기정민민
그 정치가 어두운 듯 흐릿하면
其民淳淳 기민순순
백성은 순박해지고,
其政察察 기정찰찰
그 정치가 세밀하게 살피면
其民缺缺 기민결결
백성은 분열하게 된다.
禍兮福之所倚 화혜복지소의
화는 복이 의지하는 바이며,
福兮禍之所伏 복혜화지소복
복은 화가 숨어 있는 바이다.

孰知其極 숙지기극

누가 그 궁극을 알 수 있겠는가?

其無正 기무정

그런 올바름은 없다.

正復爲奇 정복위기

올바름이 도리어 이상스런 것이 되고,

善復爲妖 선복위요

선한 것이 도리어 요사스런 것이 된다.

人之迷 인지미

사람의 미혹함이여!

其日固久 기일고구

그 세월이 진실로 오래 되었구나.

是以聖人方而不割 시이성인방이불할

성인은 반듯하지만 남을 해치지 않고,

廉而不劌 렴이불귀

청렴하지만 남에게 상처주지 않으며,

直而不肆 직이불사

정직하지만 방자하지 않고,

光而不燿 광이불요

빛이 있지만 그 빛을 드러내지 않는다.

제58장에서 노자는 그 정치가 어두운 듯 흐릿하면 백성은 순박해지고, 그 정치가 세밀하게 살피면 백성은 분열하게 된다고 한다. 누가 그 궁극을 알 수 있겠는가? 성인은 반듯하지만 남을 해치지 않고, 청렴하지만 남에게 상처주지 않으며, 정직하지만 방자하지 않고, 빛이 있지만 그 빛을 드러내지 않는다고 한다.

그 정치가 어두운 듯 흐릿하면 백성은 순박해지고, 그 정치가 세밀하게 살피면 백성은 분열하게 된다.

그 정치가 어두운 듯 흐릿하면 백성은 도리어 순박해진다는 것은, 다스리는 자가 계책이나 꼼수를 쓰지 않고, 알고도 모르는 척 백성을 감싸므로, 백성들은 온순하여 의심하지 않는다는 것이다.

그러나 정치가 권력의 욕심으로 백성의 삶을 세밀하게 살펴서 재단하기 시작하면, 백성이 온갖 생각들과 욕망들로 분열하게 되는 것은 당연하다. 어찌 나뉘어져서 원망하지 않겠는가?

화는 복이 의지하는 바이며, 복은 화가 숨어 있는 바이다. 누가 그 궁극을 알 수 있겠는가? 그런 올바름은 없다. 올바름이 도리어 이상스런 것이 되고, 선한 것이 도리어 요사스런 것이 된다. 사람의

미혹함이여! 그 세월이 진실로 오래 되었구나.

 복이 화와 언제나 함께 한다는 것은 화가 복에 의지하는 바인 것이다. 이 둘이 하나는 아니지만 떨어지지 않는다. 재물이나 권력, 명예 등을 얻는 것이 복이라면, 그 복을 느끼는 순간 교만이 먼저 오게 된다. 그러나 재앙이 오는 순간 우리는 스스로 되돌아보게 된다. 되돌아 볼 줄 알게 되는 것이 곧 복이기 때문이다. 성인은 복이나 화를 차별하지 않고 주는 대로 받을 뿐이고, 옳고 그름을 따지지 않아서 옳고 그름에 마음이 머물지 않는다.

 재앙은 무엇인가? 얻은 것을 잃어버리는 것이다. 그 중 타고난 본성을 잃은 것이 가장 큰 재앙이다. 재앙이 올 때 복을 부르고, 복이 올 때 재앙을 부른다. 그리고 만족할 줄 모르고 자신을 잃어버린다. 이것이 재앙이다. 이때 복은 잃어버린 자신을 되돌아보는 것이다.

 누가 그 궁극을 알겠는가?

 올바름이란 역시 그릇됨에 의지해 있다. 따라서 올바름이 도리어 이상스런 것이 되는 것은, 그릇됨을 벗어나려는 욕망 때문이다. 따라서 어느 한 쪽을 취하려는 생각이 오히려 이상스럽다고 한다.

선이 요사스런 것이 된다고 하는 것은, 선하려는 생각이 있다면 이미 악한 것이 되므로, 선도 아니면서 요사스런 것이 된다. 미혹함으로 삶을 산지가 오래 되어 엎치락뒤치락 끝이 없다. 그 미혹함을 도리어 지혜로 착각한 지 진실로 오래되었다.

성인은 반듯하지만 남을 해치지 않고, 청렴하지만 남에게 상처주지 않으며, 정직하지만 방자하지 않고, 빛이 있지만 그 빛을 드러내지 않는다.

성인이 반듯한 것은 늘 자신의 탐욕을 경계하여 남을 해치지 않으며, 청렴하다는 것은 늘 자신의 성냄을 경계하므로 남에게 상처주지 않으며, 정직하나 미혹하지 않아서 교만을 경계하여 남에게 상처주지 않는다. 어떠한 판단도 옳은 것이 없으므로, 주장하는 것 자체는 더욱 더 허무맹랑하다.

빛이란 어리석음을 경계하며, 이런 까닭으로 스스로 빛날 뿐 그 빛을 드러내지 않아서 빛난다.

59장

하늘을 섬기는 데에는
욕심을 거두는 일만한 것이 없다

治人事天莫若嗇 치인사천막약색

사람을 다스리고 하늘을 섬기는 데에는 욕심을 거두는 일만한 것이 없다.

夫唯嗇 부유색

오직 욕심을 거두는 것,

是以早服 시이조복

이것이 조복이다.

早服 조복

조복은

謂之重積德 위지중적덕

거듭 덕을 쌓은 것이라 이른다.

重積德 중적덕

거듭 덕을 쌓으면,

則無不克 즉무불극

곧 이겨내지 못할 것이 없다.

無不克 무불극

이겨내지 못할 것이 없다는 것은,

則莫知其極 즉막지기극

곧 그 끝을 알지 못한다는 것이다.

莫知其極 막지기극

그 끝을 알지 못하면,

可以有國 가이유국

가히 나라를 맡을 만하다.

有國之母 유국지모

나라에 어머니가 있다면,

可以長久 가이장구

가히 장구할 것이다.

是謂深根固柢 시위심근고저

이것을 일러 뿌리가 깊고 단단하다고 이르고,

長生久視之道 장생구시지도

영원히 오래 사는 도라 말한다.

제59장에서 노자는 사람을 다스리고 하늘을 섬기는 데에는 욕심을 거두는 일 만한 것이 없다고 한다. 그리고 덕을 쌓는 첫걸음이 조복이라고 말한다.

사람을 다스리고 하늘을 섬기는 데에는 욕심을 거두는 일만한 것은 없다. 오직 욕심을 거두는 것, 이것이 조복이다. 조복은 거듭 덕을 쌓은 것이라 이른다. 거듭 덕을 쌓으면, 곧 이겨내지 못할 것이 없다.

마음을 다스리는 데에는 욕심을 거두는 일이 으뜸이다. 하늘을 섬긴다는 것은 자연의 섭리에 따르는 것이다.

조복이란, 욕심이 일어났을 때 빠르게 그 마음을 무위자연의 본성으로 되돌리는 일이다. 마음을 조복 받는다는 것은, 곧 자심自心 속에서 일어나는 욕심을 보고, 스스로 자신의 욕심을 거두는 것이다.

이 일은 한 번이 아니고 일어날 때마다 거듭거듭 반복하므로 덕을 쌓는다고 한다. 이 일이 삶의 일상이 된다면 곧 이겨내지 못할 것이 없다고 한다.

이겨내지 못할 것이 없다는 것은, 곧 그 끝을 알지 못한다는 것이다. 그 끝을 알지 못하면, 가히 나라를 맡을 만하다. 나라에 어머니가 있다면, 가히 장구할 것이다. 이것을 일러 뿌리가 깊고 단단하다고 이르고, 영원히 오래 사는 도라 말한다.

자신을 능히 이겨낼 수 있는 자는 쉼 없이 덕을 쌓는 것이므로, 그 끝을 알 수 없다는 것이다. 욕심이 끝이 없는 줄 아니 끝없이 덕을 쌓을 수밖에 없다. 스스로 일으킨 탐욕의 생각을 경계하여 능히 물리치기 때문에 어머니인 것이다. 이러한 어머니가 없다면 어리석음으로 나라는 무너질 것이다.

나라의 어머니란 나라의 근본을 의미한다. 자신의 생각이 곧 나라이다. 어머니는 그 생각을 품고 기른다. 그러므로 요순의 나라에 어머니가 있다는 것은, 자신의 욕심을 버리고 백성의 생각을 품은 것이다. 이처럼 만물을 기르고 덕을 쌓는 것이 어머니이다. 마땅히 어머니가 없는 나라는 오래 지속할 수 없는 것이다.

그러므로 인위적인 지식으로는 탐욕을 제어하지 못하고, 성냄_{분노}을 참지 못하며, 어리석음을 벗어나지 못한다. 세상의 문제는 여기에서 출발한다.

심근고저_{深根固柢}란 뿌리가 깊고 튼튼하다는 것이다. 이것은 자신이 누구인지, 혹은 나의 생각은 어디에서 출발하는지, 고민하고 의심하여 궁구하는 것이다. 그리고 난 후 지식을 배우면 뿌리가 깊고 튼튼해진다.

장생구시長生久視란 영원히 오래 사는 것을 본받는다는 것이다. 영원히 오래 사는 것이 무위자연의 도이며, 이것이 우리 천성의 본 모습이다. 그러므로 우리의 천성이 죽지 않고 영원히 사는 것을 안다면, 어찌 함부로 살아 버리겠는가? 그 영원함은 시작을 알 수 없고, 마침도 알지 못한다.

60장

어리석음의 시작을 예측할 수 없다

治大國若烹小鮮 치대국약팽소선
큰 나라를 다스리는 것은 작은 생선을 조리하는 것과 같다.

以道莅天下 이도리천하
도로써 세상을 다스리면,

其鬼不神 기귀불신
그 귀신은 신통력을 발휘하지 못하는데,

非其鬼不神 비기귀불신
귀신이 신통력을 발휘하지 못하는 것이 아니라,

其神不傷人 기신불상인
그 신통력으로 사람을 해칠 수가 없다는 것이다.

非其神不傷人 비기신불상인
그 신통력이 사람을 해치지 못할 뿐만 아니라,

聖人亦不傷人 성인역불상인
성인 역시 사람을 해치지 않는 것이다.
夫兩不相傷 부량불상상
양쪽이 서로 해치지 않으니,
故德交歸焉 고덕교귀언
그러므로 덕이 동시에 함께 돌아간다.

제60장에서 노자는 큰 나라를 다스리는 것을 작은 생선을 조리하는 것에 비유한다. 도로써 세상을 다스리면 귀신도 신통력을 발휘하지 못한다. 발휘하더라도 그 신통력으로는 사람을 해칠 수 없다는 것이다.

큰 나라를 다스리는 것은 작은 생선을 조리하는 것과 같다. 도로써 세상을 다스리면, 그 귀신은 신통력을 발휘하지 못하는데, 귀신이 신통력을 발휘하지 못하는 것이 아니라, 그 신통력으로 사람을 해칠 수가 없다는 것이다.

큰 나라를 다스리는 것이 작은 생선을 조리하는 것 같다고 하는 것은, 작은 생선이 부서지지 않게 자세히 살펴야 한다는 것이

다. 무위자연의 도가 이와 같을 것이다. 이 나라는 곧 나의 마음이다. 그러므로 이러한 비유는 도로써 자신의 마음을 다스리는 것을 말한다. 사람의 탐욕과 성냄과 어리석음이 너무나 뿌리 깊어, 도가 아니면 이것을 벗어나기가 불가능함을 비유한다. 따라서 도로써 세상을 다스린다면, 귀신의 신통력도 힘을 쓰지 못하게 된다. 사실 귀신의 신통력은 어리석음과 부합한다.

도 자체는 어리석음을 보는 것이다. 그러므로 이미 스스로 자신의 어리석음을 본다면, 귀신의 신통력이 어떻게 사람을 해칠 수 있겠는가?

그 신통력이 사람을 해치지 못할 뿐만 아니라, 성인 역시 사람을 해치지 않는 것이다. 양쪽이 서로 해치지 않으니, 그러므로 덕이 동시에 함께 돌아간다.

생각의 근본을 알면, 성인과 사람의 몸과 귀신이 다 한 몸인 줄 알게 된다. 귀신은 어둠이다. 성인의 덕은 능히 어둠을 타파한다. 이 까닭으로 덕이 동시에 함께 돌아가는 것이다.

도는 그 시작을 추측할 수 없고, 어리석음도 역시 그 시작을 예측할 수 없다. 그러나 어두운 굴속에 빛을 비추면 일시에 어둠이

사라지는 것과 같이, 악의 인과를 밝게 알면 그 악은 끊을 것조차 없을 것이다.

   악이 일어나는 당처가 본래 비어 고요하니 무엇을 다시 끊으리오.

* 선에서 신통이란 초인간적 능력으로 육신통이라 부른다. 육신통이란 육근이 만드는 것으로, 신족통 神足通 · 천안통 天眼通 · 천이통 天耳通 · 타심통 他心通 · 숙명통 宿命通 · 누진통 漏盡通 을 말한다. 이 육신통으로 이미 생각을 뛰어넘었으니 통하지 않는 곳이 있겠는가?

천안통 – 눈으로 볼 때 상에 걸림이 없다.
천이통 – 귀에 수순하다.
신족통 – 육근에 걸림 없이 행한다.
숙명통 – 전생의 자신의 행위를 본다.
누진통 – 번뇌를 끊음이 자유자재하다.
타심통 – 나를 알면 남을 안다.

61장

대국은 나라를 가르지 않는다

大國者下流 대국자하류

큰 나라는 낮은 곳으로 흐르니,

天下之交 천하지교

천하가 만나는 곳이요,

天下之牝 천하지빈

천하의 암컷이다.

牝常以靜勝牡 빈상이정승모

암컷이 항상 고요함으로써 수컷을 이기고,

以靜爲下 이정위하

고요함으로써 아래가 된다.

故大國以下小國 고대국이하소국

그러므로 큰 나라가 작은 나라에 낮추면,

則取小國 즉취소국

곧 작은 나라를 취하고,

小國以下大國 소국이하대국

작은 나라가 큰 나라에 낮추면,

則取大國 즉취대국

큰 나라를 얻는다.

故或下以取 고혹하이취

그러므로 혹은 낮춤으로써 취하고,

或下而取 혹하이취

혹은 낮추어서 얻는다.

大國不過欲兼畜人 대국불과욕겸축인

대국은 작은 나라를 겸병하여 사람을 기르고자 할 뿐이요,

小國不過欲入事人 소국불과욕입사인

작은 나라는 큰 나라에 들어가 다른 사람을 섬기고자 할 뿐이다.

夫兩者各得其所欲 부양자각득기소욕

대국과 소국이 각각 그 하고자 하는 바를 얻으려면,

大者宜爲下 대자의위하

큰 것은 마땅히 낮추어야 한다.

　제61장에서 노자는 큰 나라는 낮은 곳으로 흐르니, 천하가 만

나게 되는 곳이요, 대국은 작은 나라를 겸병하여 사람을 기르고자 할 뿐이라 말한다. 작은 나라는 큰 나라에 들어가 다른 사람을 섬기고자 할 뿐이다. 대국과 소국이 각각 하고자 하는 바를 얻으려면, 큰 것은 마땅히 낮추어야 한다고 말한다.

큰 나라는 낮은 곳으로 흐르니, 천하가 만나는 곳이요, 천하의 암컷이다.

　대도大道를 큰 나라에 비유하여 말하고 있다. 큰 도는 낮은 곳으로 흐르고, 걸림이 없어 통하지 않는 곳이 없다.
　낮다는 것은 모든 것을 수용하여 다툼이 없다는 것을 말한다. 도가 항상 낮은 곳으로 흐르는 까닭은 주장하는 바도 없으며, 분별하는 바도 없기 때문이다. 마치 큰 바다가 되는 것과 같아서, 세상의 강물이 다 모여들지만 막는 법이 없으며, 분별해서 받아들이지도 않는다.
　큰 바다가 모든 생물을 품는 것이 암컷과 같다.

암컷은 항상 고요함으로써 수컷을 이기고, 고요함으로써 아래가 된다. 그러므로 큰 나라가 작은 나라에 낮추면, 곧 작은 나라를

61장 대국은 나라를 가르지 않는다

취하고, 작은 나라가 큰 나라에 낮추면, 큰 나라를 얻는다.

암컷이 항상 고요한 것은 수동적 본질을 어기지 않기 때문이다. 낮추니 저절로 흘러오므로 수동적이라는 것이며, 이때 능동적인 수컷을 이긴다는 것을 알 수 있다.

암컷의 고요함은 일체 만물의 모범이 된다. 그리고 만물의 모범이 되는 이유는 고요함으로 항상 아래에 있기 때문이다. 아래에 있다는 것은 덕이 드러나지 않음이다.

낮춤으로써 대도를 얻게 됨을 말한다.

그러므로 혹은 낮춤으로써 취하고, 혹은 낮추어서 얻는다. 대국은 작은 나라를 겸병하여 사람을 기르고자 할 뿐이요, 작은 나라는 큰 나라에 들어가 다른 사람을 섬기고자 할 뿐이다.

나라의 크고 작음은 상대적인 것이다. 몸의 크고 작음도 상대적이지만, 마음은 스스로 낮출 때 크다고 한다. 몸을 낮추면 마음도 낮아지듯이, 마음을 내려놓으면 몸이 따라서 낮추게 된다.

작은 것은 우리의 감각기관이다. 육근안·이·비·설·신·의을 컨트롤하는 것은 천성의 성품이다. 마땅히 육근이 섬겨야 하는 대상이다. 그러므로 우주를 섬기듯 다른 사람을 섬겨야 한다.

대국과 소국이 각각 그 하고자 하는 바를 얻으려면, 큰 것은 마땅히 낮추어야 한다.

대국은 나라를 가르지 않는다. 세상 사람들이 탐욕의 생각으로 나라를 분열시킬 뿐이다.

우주는 모든 것을 포용하고 있듯이, 다만 큰 도는 나를 내세우지 않아서 항상 스스로를 낮춘다.

도인은 내면에서 일어나는 감정들 우월감·시기·질투·해꼬지 등의 변화를 스스로 늘 본다. 스스로 자각自覺하여 관조觀照하는 일이 큰 도이니, 상대의 허물을 보자마자 자신의 허물로 보는 것이 몸을 낮추는 것이다.

이 일은 예사로운 일이 아니다. 아는 것은 세 살 어린아이도 알지만, 행하는 것은 팔십 노인도 어렵다.

천성 자체는 높낮이가 없으니 늘 아래로 향하여 있다.

62장

한 생각 돌이킬 때 죄도 면할 수 있다

道者萬物之奧 도자만물지오

도라는 것은 만물의 깊은 곳에 감추어져 있다.

善人之寶 선인지보

선한 사람의 보배요,

不善人之所保 불선인지소보

선하지 못한 사람에게도 보존되는 곳이기도 하다.

美言可以市尊 미언가이시존

아름다운 말은 이로써 존경을 살 수 있고,

美行可以加人 미행가이가인

아름다운 행실은 사람에게 영향을 끼칠 수 있다.

人之不善 인지불선

사람이 선하지 않다고 해서,

何棄之有 하기지유

어찌 버릴 수 있겠는가?

故立天子 고립천자

그러므로 천자를 세우고,

置三公 치삼공

삼공을 배치하며,

雖有拱璧 수유공벽

비록 큰 옥을 받쳐 들고,

以先駟馬 이선사마

네 필의 말이 끄는 마차를 앞세운다고 하더라도,

不如坐進此道 불여좌진차도

앉아서 이러한 도에 나아가는 것만 못하다.

古之所以貴此道者何 고지소이귀차도자하

옛날에 이 도를 귀하게 여긴 까닭이 무엇인가?

不曰以求得 불왈이구득

도로써 구하면 얻고

有罪以免邪 유죄이면야

죄가 있어도 면할 수 있다고 말하지 않았는가?

故爲天下貴 고위천하귀

그러므로 천하의 귀한 것이 된다.

제62장에서 노자는 도라는 것이 만물의 깊은 곳에 감추어져 있어서, 작용하지 않는 곳이 없으므로 선하지 못한 사람에게도 보존되는 곳이기도 하다고 말한다. 이것이 도를 귀하게 여기는 까닭이다. 도로써 구하면 얻고, 죄가 있어도 면할 수 있으므로 천하의 귀한 것이 된다.

도라는 것은 만물의 깊은 곳에 감추어져 있다. 선한 사람의 보배요, 선하지 못한 사람에게도 보존되는 곳이기도 하다.

도라는 것은 만물의 어디에 감추어져 있는가? 도가 없다면 무엇으로 만물을 생성하는 줄 알겠는가? 도가 없다면 무엇으로 우리의 마음을 알 수 있겠는가?

도를 떠나서는 인간은 어떠한 행위도 할 수 없다. 도는 이와 같이 우리의 일상생활 속 깊이 관여하고 있다. 그럼에도 우리는 미혹함으로 도를 잃어버리고 탐욕에 의하여 악한 행동을 한다면, 자기 자신을 죽이는 것보다 더 큰 악행인 줄도 모르고 산다.

따라서 도는 선한 사람에게 보배이며, 악한 사람에게도 역시 보배이다. 다만 악한 사람은 어리석음에 의해서 자각自覺하지 못할 뿐이다. 만일 악한 사람이 스스로 잘못을 인정하고 참회를 한다면, 즉시 도의 보호를 받게 된다는 것이다.

 아름다운 말은 이로써 존경을 살 수 있고, 아름다운 행실은 사람에게 영향을 끼칠 수 있다. 사람이 선하지 않다고 해서, 어찌 버릴 수 있겠는가?

 아름다운 말은 다름 아닌 잘못을 인정할 줄 아는 말이며, 존경을 받을 수 있다. 아름다운 행위가 상대에게 영향을 줄 수 있는 것은 잘못을 인정할 줄 아는 용기와 참회이다.
 사람이 선하지 않다고 해서 어찌 그 사람을 버리겠는가? 선하지 않는 사람이야말로 참으로 도의 지극한 영향이 필요한 것이다.

 그러므로 천자를 세우고, 삼공을 배치하며, 비록 큰 옥을 받쳐들고, 네 필의 말이 끄는 마차를 앞세운다고 하더라도, 앉아서 이러한 도에 나아가는 것만 못하다.

 인간에게 금은보화와 높은 벼슬과 권력과 명예를 준다 하더라

도, 도를 깨닫는 공덕에는 비할 바가 아니다. 인간이 미혹함으로 평생 노력하여 얻은 모든 부귀영화는 한 순간에 무너진다.

이 세상은 오직 권력으로 세상을 통치하려는 사람들로 가득하다. 인위적인 지식으로 사람들을 분열하고, 또한 개인의 권력을 유지하기 위하여 세상을 가르고, 파괴하기를 머뭇거리지 않는다.

나라가 생기자 영토를 확장하기 위해 침략하고, 경제를 부추겨 세계는 보이지 않는 싸움을 계속한다.

이는 이미 탐욕으로 자신을 잃어버린 줄도 모르므로, 본래의 자기 자신으로 되돌아오는 길도 모르는 것이다.

어찌 도를 모르고 나라를 다스리는가?

옛날에 이 도를 귀하게 여긴 까닭이 무엇인가? 도로써 구하면 얻고 죄가 있어도 면할 수 있다고 말하지 않았는가? 그러므로 천하의 귀한 것이 된다.

진리는 시대를 초월하여 늘 존재한다. 이것이 도를 귀하게 여기는 이유일 것이다.

죄가 있어도 면할 수 있다는 것은, 한 생각을 돌이켜 자신의 잘못된 생각을 뉘우친다면 곧 죄가 소멸한다는 것이다.

어리석은 사람은 스스로 악한 생각을 일으킨 줄을 알지 못한다. 만일 스스로 일으킨 생각을 본다면, 보는 자리에서 찰나에 악한 생각에 스스로 놀란다. 이것이 죄를 소멸시키는 능력일 것이다. 사실 알고 보면 손바닥 뒤집기보다 쉬운 것이나, 또한 그것이 가장 어려운 것이다.

없는 죄가 마음으로부터 일어나는 도다. 생각으로부터 일으킨 죄는 생각으로 처리해야 한다. 역설적으로 미혹과 혼돈이 거듭할수록, 인간은 도와 가까워진다. 어찌 천하에 귀한 것이 아닐 수 있겠는가?

운문 선사雲門禪師께서, "생각이 일어날 때 죄도 일어난다." 하시었다.

63장

탐욕의 생각을 벗어나는 것이 가장 어려운 일이다

爲無爲 위무위
무위를 행하고,

事無事 사무사
일 없음을 일로 삼으며,

味無味 미무미
맛없음을 맛으로 여기고,

大小多少 대소다소
작은 것을 크게 여기며 적은 것을 많게 여긴다.

報怨以德 보원이덕
원한을 덕으로써 갚고,

圖難於其易 도난어기이

어려운 일은 그 쉬운 것에서 계획하며

爲大於其細 위대어기세

큰 것은 그 세밀한 곳에서 시작해야 한다.

天下難事 천하난사

세상에서 어려운 일은

必作於易 필작어이

반드시 쉬운 일에서 시작하고,

天下大事 천하대사

세상에서 큰일은

必作於細 필작어세

반드시 세밀한 곳에서 시작된다.

是以聖人終不爲大 시이성인종불위대

이로써 성인은 끝내 큰일을 하지 않음으로써,

故能成其大 고능성기대

그래서 큰일을 이루는 것이다.

夫輕諾必寡信 부경낙필과신

무릇 가벼운 승낙은 반드시 믿음이 적고,

多易必多難 다이필다난

쉬운 것이 많으면 반드시 어려움이 많이 닥친다.

是以聖人猶難之 시이성인유난지

이로써 성인은 오히려 모든 일을 어렵게 여기니

故終無難矣 고종무난의

그러므로 끝내 어려운 일이 없게 되는 것이다.

제63장에서 노자는 무위를 행하고, 일 없음을 일로 삼으며, 작은 것을 크게 여기고, 어려운 것은 쉬운 것에서 계획하므로 끝내 어려운 것이 없게 된다고 한다.

무위를 행하고, 일 없음을 일로 삼으며, 맛없음을 맛으로 여기고, 작은 것을 크게 여기며 적은 것을 많게 여긴다. 원한을 덕으로써 갚고, 어려운 일은 그 쉬운 것에서 계획하며 큰 것은 그 세밀한 곳에서 시작해야 한다.

무위無爲는 행함이 없는 것이다. 무위란 모든 경계에 편견이나 주장함이 없이 있는 그대로 행하는 것이다. 이 일은 쉬운 것 같지만 매우 어려운 일일 것이다.

맛이란 것도 맛의 기억된 생각이며 경계다. 경계라는 것은 인간 사유의 경계다. 사유에는 모순과 합리가 분명하지만, 무위자연에는 그 분명함이 도리어 장애가 된다. 그러므로 생각의 본질을 사유하지 않을 수 없다.

원한을 어떻게 덕으로 갚을 수 있는가? 원한의 씨앗은 나 자신이 뿌린 것으로 이것을 자각하는 것이 덕이다. 덕은 늘 스스로를 살피는 것이다.

어려운 일을 도모하는 자는 쉬운 데서 계획한다. 어렵다면 시작조차도 하지 못할 것이기 때문이다. 시작한다는 것은 자신의 욕심과 집착을 살피는 것이다. 이 일이 가장 쉬우면서 어려운 일일 것이다.

큰 것은 왜 세밀한 데서 시작되어야 하는가? 작은 것을 도리어 크게 여기는 것이 세밀한 것이며, 그 세밀한 것에서 시작하는 것은 육경六境으로 감각기관六根의 세밀한 모든 경계형상·소리·맛·냄새·감각 등를 관조觀照함으로써 무위의 행을 이루는 것이다.

세상에서 어려운 일은 반드시 쉬운 일에서 시작하고, 세상에서 큰일은 반드시 세밀한 곳에서 시작된다. 이로써 성인은 끝내 큰일을 하지 않음으로써, 그래서 큰일을 이루는 것이다.

세상 사람들에게 과연 무엇이 어려운 일인가? 탐욕을 충족시키는 일이다. 그러나 탐욕은 끝이 없으므로, 세인들은 반드시 자

신이 해야 할 일이 무엇인지 세밀히 살펴야 한다. 이것이 쉬운 일에서 시작하는 것이다.

세상 사람들이 생각하는 큰일은 무엇인가? 성공하는 것이다. 이 또한 탐욕을 성취시키려는 일이므로, 성인은 끝내 큰일을 하지 않는다고 한다. 그러므로 성인은 끝내 큰일을 하지 않음으로써 큰일을 이루는 것이다.

물은 본성적으로 위에서 아래로 움직이도록 되어 있기 때문에, 아무리 위로 던져 움직이게 하여도 위로 흐르지 않는다. 그러므로 성인은 도에서 벗어나지 않으려 하는 것이 큰일 하는 것이며, 이러한 노력이 절로 큰 도를 이루는 것이다.

무릇 가벼운 승낙은 반드시 믿음이 적고, 쉬운 것이 많으면 반드시 어려움이 많이 닥친다. 이로써 성인은 오히려 모든 일을 어렵게 여기니 그러므로 끝내 어려운 일이 없게 되는 것이다.

세상의 일은 늘 쉽게 일을 이루고 나면, 반드시 뒤에는 실패가 따른다. 왜냐하면 모든 일에 방심 放心 하여, 자신의 탐욕은 살피지 않고 결과만을 구하기 때문이다.

성인은 순리를 져버리는 일을 어려워한다. 그리하여 순리가 아닌 일을 어렵게 여긴다. 성인은 자연히 무위자연의 순리를 선택한다. 그러므로 마침내 어려움을 벗어나게 된다.

만일 거꾸로 생각의 불길을 좇아 스스로 태운다면, 이로써 지옥의 불길을 만나지 않을 수 없을 것이다.

인간의 생각은 허깨비이며, 이것이 주장된 모든 것의 실체이다. 생각을 벗어나는 일이 어려운 줄 알면 어려운 일이 없게 될 것이다.

64장

생각이 일어날 때 이미 조짐을 느껴야 한다

其安易持 기안이지
그 안정된 상태에 있을 때 유지하기 쉽고,

其未兆易謀 기미조이모
그 조짐이 드러나지 않았을 때 도모하기 쉬우며,

其脆易泮 기취이반
그 연약한 것은 풀리기가 쉽고,

其微易散 기미이산
미세한 것은 흩어지기 쉽다.

爲之於未有 위지어미유
아직 일이 생기기 전에 처리하고

治之於未亂 치지어미란
혼란해지기 전에 다스려야 한다.

合抱之木 합포지목

아름드리 나무도

生於毫末 생어호말

털끝 같은 싹에서 나오고,

九層之臺 구층지대

구층 누대도

起於累土 기어누토

한 줌 흙이 쌓여 올라가며,

千里之行 천리지행

천릿길도

始於足下 시어족하

발밑에서 시작된다.

爲者敗之 위자패지

인위하는 것은 실패하고,

執者失之 집자실지

집착하는 것은 잃는다.

是以聖人無爲故無敗 시이성인무위고무패

이로써 성인은 무위하기 때문에 실패가 없다.

無執故無失 무집고무실

집착하지 않기 때문에 잃는 일이 없다.

民之從事 민지종사

백성들이 일에 종사하면,

常於幾成而敗之 상어기성이패지

언제나 거의 성공할 즈음에 실패한다.

愼終如始 신종여시

마치기까지 신중하기를 처음과 같이 하면,

則無敗事 즉무패사

곧 실패하는 일이 없을 것이다

是以聖人欲不欲 시이성인욕불욕

이로써 성인은 욕심내지 않는 것을 욕심내며,

不貴難得之貨 불귀난득지화

얻기 어려운 재물을 귀하게 여기지 않고,

學不學 학불학

배우지 않는 것을 배워서,

復衆人之所過 복중인지소과

많은 사람의 잘못한 바를 되돌린다.

以輔萬物之自然 이보만물지자연

이로써 만물이 스스로 그러하도록 돕되,

而不敢爲 이불감위

감히 인위적인 행위를 하지 않는다.

제64장에서 노자는 도는 깨어있을 때 안정된 상태를 유지하기가 쉽고, 성인은 욕심내지 않는 것을 욕심내며, 만물이 스스로 그러하도록 도우므로, 인위적인 행위를 하지 않는다고 말한다.

그 안정된 상태에 있을 때 유지하기 쉽고, 그 조짐이 드러나지 않았을 때 도모하기 쉬우며, 그 연약한 것은 풀리기가 쉽고, 미세한 것은 흩어지기 쉽다. 아직 일이 생기기 전에 처리하고 혼란해지기 전에 다스려야 한다.

마음이 안정되면 조짐 경계에 휘둘리지 않는다.

감각기관 六根이 모든 경계 형상·소리·맛·냄새·감각 등를 만나도, 마음이 안정된 상태에서는 쉽게 욕망에 의하여 소모되지 않는다. 안정된 상태란 깨어있으므로 지나치거나 부족하거나 넘치지 않음을 말한다.

사물의 스스로 그러함을 따라 사사로운 욕심을 용납하지 아니하고, 타인에게 간섭하는 일을 하지 않으면 대체로 안정할 수 있으며, 일의 조짐에도 쉽게 마음을 움직이지 않을 수 있다는 것이다.

욕망은 본래 실체가 없어 연약한 것이라, 안정된 도의 마음으로는 풀기가 쉬운 것이다.

첫째, 안정된 마음을 가지면 욕망이 보인다.

둘째, 욕망이 보이면 자유로울 수 있다.

기분氣分에 따라 좌우되는 것이 욕망이다. 마치 욕망의 생각은 구름이 일어나는 것과 같다. 그러므로 미세한 생각들은 티끌이 되어 흩어진다.

생각이 일어날 때 이미 일의 조짐을 느껴야 한다. "생각이 일어날 때 죄도 일어난다." 하시니, 역시 생각이 일어날 때 일도 일어난다. 일이 일어난 즉 혼란해지는 것이다. 일의 조짐은 곧 생각이 일어날 때 알아채야 한다. 이것이 일이 생기기 전에 일을 처리하는 방법이며, 혼란이 생기기 전에 다스리는 것이다.

아름드리나무도 털끝 같은 싹에서 나오고, 구층 누대도 한 줌 흙이 쌓여 올라가며, 천릿길도 발밑에서 시작된다.

일체유一切有에 대한 사유가 사바세계이며, 무명의 근원이다. 그러나 도 역시 무명無明, 어리석음에서부터 싹이 나온다.

구층 누대도 한 생각에서 비롯된다. 그리고 모든 죄의 무더기도 한 생각으로 이룬다. 그러나 이 어리석은 한 생각을 보는 것이 도다.

그리하여 천리 길도 발밑에서 시작된다고 한다.

인위하는 것은 실패하고, 집착하는 것은 잃는다. 이로써 성인은 무위하기 때문에 실패가 없다. 집착하지 않기 때문에 잃는 일이 없다. 백성들이 일에 종사하면, 언제나 거의 성공할 즈음에 실패한다.

인위적이란 한 생각 안에 탐욕이 있음이다. 어찌 실패하지 않을 수 있으리오. 집착은 한 생각이 곧 물속의 진흙소와 같은 줄 모르는 것이다. 어찌 잃어버리지 않을 수 있겠는가?

무위자연은 인위적인 방법이 아니라 순리를 따르는 것이다. 아집과 편견과 고집이 세상을 혼란에 빠트리는 것임을 자각自覺하는 것이, 일이 생기기 전에 처리하는 길이다. 혼란이 오기 전 혼란을 다스리는 방법일 것이다. 따라서 집착하지 않기 때문에 잃는 일이 없다.

성인은 세상 가운데 있으나 세상일을 하지 않는다. 그러나 세인世人들은 세상일만 한다. 그리고 언제나 거의 성공할 즈음에 실패하는 이유는 탐욕과 집착의 경계를 자각하지 못하여, 스스로 어리석어지므로 실패한다.

마치기까지 신중하기를 처음과 같이 하면, 곧 실패하는 일이 없을 것이다. 이로써 성인은 욕심내지 않는 것을 욕심내며, 얻기 어려운 재물을 귀하게 여기지 않고, 배우지 않는 것을 배워서, 많은 사람의 잘못한 바를 되돌린다. 이로써 만물이 스스로 그러하도록 돕되, 감히 인위적인 행위를 하지 않는다.

백성들이 일에 종사하면, 언제나 거의 성공할 즈음에 실패한다. 왜인가? 입이 말을 모르듯, 눈은 형상을 모르고, 귀는 소리를 모르고, 코는 냄새를 모른다. 인간의 욕심은 진정 감각기관을 마비시킨다. 욕심에 머물러 집착하게 되면 문득 무너지는 도리이다.

마치기까지 신중하기를 처음과 같이 어떻게 해야 하는가? 본래 마음은 부동이나, 욕심이 일어나는 까닭에 움직인다. 신중하려면 탐욕을 경계해야 한다. 일이 잘되면 마음의 방패는 저절로 없어진다.

이로써 성인은 욕심내지 않는 것을 욕심내며, 얻기 어려운 재물을 귀하게 여기지 않는다. 따라서 성인은 욕심내는 자신을 살피는 욕심을 낸다. 그리고 마음속에서 시시비비를 두지 않는다. 어찌 마음으로 마음을 구하면서 도리어 알기를 바라겠는가?

스스로 이렇듯 밝아지는 까닭에 본디 구함이 없는 줄 안다. 배우지 않는 것을 배운다는 것은 오직 자신의 마음이 어디로 향하는지를 살필 뿐이다.

사람들은 이 한 가지를 배우지 않는다. 따라서 이들은 생각의 근원을 알지 못하여 생각을 일으키는 쪽으로만 나아가려 한다. 그리고 어리석음으로 자신을 잃어버린다. 어찌 인위적으로 생각을 함부로 일으킬 것인가?

따라서 성인은 늘 자신의 마음을 되돌리는 데 게을리 하지 않는다. 성인은 죽음보다도 탐욕과 성냄과 어리석음 속에 살아가는 것을 더 두려워한다. 어리석은 자는 편안함을 모르므로 늘 생각에 휘둘린다. 쉬는 것이 무엇인지 모르니 몸은 늘 게으르고 마음은 늘 바쁘다.

65장

세인들은 안다는 생각을 감추지 못한다

古之善爲道者 고지선위도자
옛날 도를 잘 실천하는 사람은

非以明民 비이명민
이로써 백성을 총명하게 하지 않고,

將以愚之 장이우지
오히려 이로써 그들을 바보로 만들려고 했다.

民之難治 민지난치
백성들을 다스리기가 어려운 것은,

以其智多 이기지다
그 지식이 많기 때문이다.

故以智治國 고이지치국
그러므로 지식으로써 국가를 다스리는 것은

國之賊 국지적

나라의 도적이 되고,

不以智治國 불이지치국

지식이 없이 국가를 다스리는 것이

國之福 국지복

나라의 복이 된다.

知此兩者亦稽式 지차양자역계식

이 양자를 아는 것 역시 법식에 맞는다.

常知稽式 상지계식

항상 법식에 맞음을 아는 것,

是謂玄德 시위현덕

이것을 현덕이라 이른다.

玄德深矣遠矣 현덕심의원의

현덕은 깊고도 멀구나.

與物反矣 여물반의

만물과 더불어 되돌아오게 되니

然後乃至大順 연후내지대순

그런 연후에야 큰 순리에 이른다.

제65장에서 노자는 지식으로 백성을 다스리는 것은 나라의 도

적이 된다고 한다. 그리고 지식 없이 백성을 다스리는 것은 나라에 복이 되며, 이 양자를 아는 것이 법식에 맞는 것이며 또한 이를 현덕이라 한다.

옛날 도를 잘 실천하는 사람은 이로써 백성을 총명하게 하지 않고, 오히려 이로써 그들을 바보로 만들려고 했다. 백성들을 다스리기가 어려운 것은, 그 지식이 많기 때문이다.

옛날 성인은 도를 잘 실천하기 위하여 백성을 총명하게 하지 않고, 왜 그들을 바보로 만들려고 했는가?

노자가 말하는 바보는 어리석음과는 다르다. 오히려 순수함을 말한다. 안다는 것은 모르는 것과 통하므로, 다만 안다는 것은 분별심으로 판단하는 것이다. 바보의 미학은 자신을 성찰함으로 분별심이 없는 그대로를 받아들이는 것이다.

여기서 백성이란 자신 속에 있는 생각들이다. 배워서 인위적으로 안다는 생각들로 교만해지면 스스로 다스리기가 어렵다는 것이다.

지금 이 세상에는 탐욕을 소중하게 여기는 사람으로 넘쳐난다. 듣는 자는 없고 말하는 자들만 있을 뿐이다. 이로써 세상은 혼돈과 혼란을 야기하므로, 백성을 다스리기가 어려운 것이다.

그러므로 지식으로써 국가를 다스리는 것은 나라의 도적이 되고, 지식이 없이 국가를 다스리는 것이 나라의 복이 된다. 이 양자를 아는 것 역시 법식에 맞는다.

알음알이로 다스린다는 것 자체가 사람의 마음을 분열시킨다. 마음이 알음알이에 붙들려서 자신의 허물을 보지 못하고 백성을 다스리는 것은, 항상 위기를 만들 뿐이다.

반면에, 만일 지식 없이 국가를 다스리면 알음알이가 없으므로 다툼이 없을 것이다. 다툼의 원인은 세인들이 안다는 생각을 버리지 못하기 때문이다. 알음알이가 없을 때, 안다는 것은 모르는 것인 줄 알게 되므로 나라의 복이 된다는 것이다.

이 두 가지의 이치를 아는 것이 법식에 맞는 것이다. 따라서 법식이란 무위자연의 이치를 터득하는 것이다.

항상 법식에 맞음을 아는 것, 이것을 현덕이라 이른다. 현덕은 깊고도 멀구나. 만물과 더불어 되돌아오게 되니 그런 연후에야 큰

순리에 이른다.

항상 선과 악의 법식을 아는 것이 덕이다. 앎과 모름의 법식을 아는 것이 현덕이므로, 모든 대치하는 법은 하나가 없으면 곧 소멸이다. 이와 같이 보는 것이 순리이다.

그렇다면 순리란 무엇인가?

첫째, 현덕은 일체 만물의 관계 가운데에서 작용하는 것이다. 일체 만물이란 감각기관에서 경계색·성·향·미·촉·법를 만나 일어난 것으로, 저절로 존재하고, 저절로 변화함으로써 순리를 따른다.

둘째, 자생自生 자화自化하는 일체 만물의 생멸변화生滅變化의 흐름 그 자체를 순리라 한다.

셋째, 번뇌가 열화같이 밀려오되 미처 침범할 장소가 없기 때문에 순다.

넷째, 영원한 고통이 없으므로 영원한 기쁨이 없다고 생각하는 것이 순다.

성인에게 중요한 것은 인간의 타고난 성품을 깨닫게 하는 것이다. 언제나 그러하듯 도를 분석적으로 나누어 판단하게 되면, 도에 머물러 집착하게 된다. 집착이 오히려 사람들을 어둡게 하여 혼란을 생기게 하는 것이다.

66장
말하기도 어렵고, 행하기는 더 어렵다

江海所以能爲百谷王者 강해소이능위백곡왕자

강과 바다가 온갖 골짜기의 왕인 까닭은,

以其善下之 이기선하지

그것이 아래에 잘 처하기 때문이다.

故能爲百谷王 고능위백곡왕

그러므로 능히 온갖 골짜기의 왕이 되는 것이다.

是以欲上民 시이욕상민

이로써 백성의 위가 되고자 하면,

必以言下之 필이언하지

반드시 스스로를 낮추는 말을 해야 하고,

欲先民 욕선민

백성의 선두가 되고자 하면,

必以身後之 필이신후지

반드시 자신을 그들의 뒤에 두어야 한다.

是以聖人處上而民不重 시이성인처상이민부중

이로써 성인은 위에 있어도 백성이 부담스럽게 여기지 않고,

處前而民不害 처전이민불해

앞에 있어도 백성은 그를 해롭게 여기지 않는다.

是以天下樂推而不厭 시이천하락추이불염

이 때문에 천하가 즐거이 받들고, 싫어하지 않는다.

以其不爭 이기부쟁

이로써 다투지 않으므로,

故天下莫能與之爭 고천하막능여지쟁

천하에서 능히 더불어 다툴 자가 없다.

제66장에서 노자는 강과 바다가 골짜기의 왕이 되는 까닭은 그것이 아래에 잘 처하기 때문이라고 말한다. 성인은 위에 있어도 부담스럽게 여기지 않으며, 앞에 있어도 백성은 그를 해롭게 여기지 않으니, 천하에서 능히 다툴 자가 없다고 한다.

강과 바다가 온갖 골짜기의 왕인 까닭은, 그것이 아래에 잘 처

하기 때문이다. 그러므로 능히 온갖 골짜기의 왕이 되는 것이다.

강과 바다가 온갖 골짜기의 왕인 까닭은 강과 바다가 낮으면서 온갖 물을 차별 없이 받아들이기 때문이다. 왜 골짜기의 왕이라고 하는가? 골짜기로 흘러들어간 물은 늘 아래에 처하므로 능히 위에 있게 되니 왕이라고 한다.

이로써 백성의 위가 되고자 하면, 반드시 스스로를 낮추는 말을 해야 하고, 백성의 선두가 되고자 하면, 반드시 자신을 그들의 뒤에 두어야 한다.

성인이 백성의 위가 되고자 한다는 것은, 내적으로는 심성의 이치를 터득하는 것이고, 외적으로는 타인에 대한 공경심을 잃어버리지 않는 것이다. 이것은 성인이 반드시 자신을 그들의 뒤에 두고자 하는 이치이기도 하다. 이 말은 하기 쉬우나, 스스로 행하기는 참으로 어렵다.

늘 하심下心할 줄 안다는 것은, 곧 스스로가 주인 노릇할 줄 아는 것이다. 이로써 백성의 선두가 되고자 하지 않아도 선두에 서며, 그러므로 성인은 저절로 항상 그들의 뒤에 있게 되는 것이다.

　이로써 성인은 위에 있어도 백성이 부담스럽게 여기지 않고, 앞에 있어도 백성은 그를 해롭게 여기지 않는다. 이 때문에 천하가 즐거이 받들고, 싫어하지 않는다. 이로써 다투지 않으므로, 천하에서 능히 더불어 다툴 자가 없다.

　성인의 경계는 세상의 일을 먹이로 삼는다. 세상의 일이 이미 자신의 경계가 되었으므로, 성인은 누구를 탓하기 전에 늘 자신의 어리석음만을 경계로 삼을 뿐이다. 그러므로 백성은 성인을 부담스럽게 여기지도 않고, 해롭게 여기지도 않는다.

　그러나 세인이 성인을 빙자한 것은 도리어 스스로 중생을 자처할 뿐이고, 중생은 오직 알음알이에 의지할 뿐이다. 알음알이에 의지하지 않는 것이 성인을 의지하는 바이니, 곧 중생의 사량심思量心을 미리 차단하는 것이다.

　본래 무위자연이라 하니 무엇을 다투리오. 이로써 천하가 성인을 즐거이 받들고 싫어하지 않는다.

　생각 밖에서 생각을 하고,
　세상 밖에서 세상을 살아가니,
　천하에서 능히 더불어 다툴 자가 없을 것이다.

67장

구하는 마음으로 앞선다면 죽음이다

天下皆謂我道大 천하개위아도대
천하가 모두 다 이르기를 나의 도는 너무 커서,

似不肖 사불초
닮은 것이 없는 것 같다.

夫唯大 부유대
오직 크기 때문에,

故似不肖 고사불초
닮은 것이 없는 것 같다.

若肖久矣其細也夫 약초구의기세야부
만약 닮았다면 오래전에 작게 되었을 것이다.

我有三寶 아유삼보
내게 세 가지 보배가 있어,

持而保之 지이보지

이를 지니고 보존하니,

一曰慈 일왈자

첫째는 인자함이며,

二曰儉 이왈검

둘째는 검소함이며,

三曰不敢爲天下先 삼왈불감위천하선

셋째는 감히 천하보다 앞서려 하지 않는 것이다.

慈故能勇 자고능용

인자하기 때문에 능히 용감할 수 있고,

儉故能廣 검고능광

검소하므로 능히 베풀 줄 알고,

不敢爲天下先 불감위천하선

감히 세상에 앞서려 하지 않음으로,

故能成器長 고능성기장

능히 큰 인재들의 으뜸이 될 수 있다.

今舍慈且勇 금사자차용

지금 인자하지 않으면서 용감하기만 하고,

舍儉且廣 사검차광

검소하지 않으면서 베풀기만 하며,

舍後且先 사후차선

뒤에 서지 않으면서 앞선다면,

死矣 사의

죽음이다.

夫慈以戰則勝 부자이전즉승

대저 인자함으로써 싸우면 이기고,

以守則固 이수즉고

인자함으로써 지키면 견고하니,

天將救之 천장구지

하늘이 장차 사람들을 구하고자 하면,

以慈衛之 이자위지

인자함으로써 그들을 호위할 것이다.

제67장에서 노자는 큰 도는 세 가지 보배를 갖추고 있으니, 인자함과 검소함과 감히 세상에 앞서려 하지 않는 것이라고 말한다. 인자하지 않으면서 용감하기만 하고, 검소하지 않으면서 베풀기만 하고, 뒤에 서지 않으면서 앞선다면 죽음이라고 한다.

천하가 모두 다 이르기를 나의 도는 너무 커서, 닮은 것이 없는

것 같다. 오직 크기 때문에, 닮은 것이 없는 것 같다. 만약 닮았다면 오래 전에 작게 되었을 것이다.

도가 크다는 것은 무엇을 의미하는가? 마음의 실체를 본 사람이 없는 것이 마치 우주를 본 사람이 없는 것과 같다.

큰 도는 형체도 없고, 소리나 냄새 등이 없어, 세상의 눈으로 보기가 쉽지 않다는 것이다. 형상 없는 것을 크다 하니 닮지 않았다는 것은 곧 유무有無를 떠났기 때문이다. 유무를 떠났다는 것은 세상의 견해로는 이해하기가 어렵다는 것이다.

만일 세상의 견해로써 도를 본다면, 이미 그 도는 세상에서 말하는 학문에 불과할 것이다. 그리고 능히 집착하는 마음을 내어 소유하려 한다면, 결국은 티끌과 같은 작은 존재로 남을 것이다.

내게 세 가지 보배가 있어, 이를 지니고 보존하니, 첫째는 인자함이며, 둘째는 검소함이며, 셋째는 감히 천하보다 앞서려 하지 않는 것이다. 인자하기 때문에 능히 용감할 수 있고, 검소하므로 능히 베풀 줄 알고, 감히 세상에 앞서려 하지 않음으로, 능히 큰 인재들의 으뜸이 될 수 있다. 지금 인자하지 않으면서 용감하기만 하고, 검소하지 않으면서 베풀기만 하고, 뒤에 서지 않으면서 앞선다

면, 죽음이다.

스스로를 낮추는 것이 보배다.

첫째, 인자함 즉, 자비慈悲란 이룰 도가 있는 줄 보지 않고, 제도할 범부衆生가 있는 줄 보지 않는 보배이다. 그러므로 성인은 도를 구求하는 바조차도 없으므로 인자함이다. 그리고 구하는 바가 없으므로 용감한 것이다.

둘째, 검소함이란 마음에 탐욕의 도둑이 침입하는 것을 알아채는 보배이다. 탐욕을 버리는 것이 베풀 줄 아는 것이다.

셋째, 감히 천하보다 앞서려 하지 않는 것은 세상 사람들을 공경하는 보배이다. 그러므로 옳고 그름을 따지지 않는다. 오직 자신의 허물을 봄으로써 큰 인재들의 으뜸이 되는 것이다.

인자하지도 않으면서 용감하기만 하다는 것은 구하는 것만을 쫓는 것이다. 즉, 용감하나 탐욕으로 끝날 뿐이다. 검소함이란 소유하려는 생각 없이 베푸는 것이다. 자기를 내세우기 위해 베푸는 것은 베푸는 것이 아니다. 뒤에 선다는 것은 자신을 내세우지 않는 것이다. 뒤에 서지 않으면서 앞서고자 하는 것은, 남을 배려하지 않으면서 자신의 주장이나 판단에 의해 앞서고자 하는 것이다. 이것은 곧 죽음이다.

> 대저 인자함으로써 싸우면 이기고, 인자함으로써 지키면 견고하니, 하늘이 장차 사람들을 구하고자 하면, 인자함으로써 그들을 호위할 것이다.

인자함은 곧 구하는 바 없이 행위를 하는 것이다. 구하는 바 없이 싸우면 이기지 않을 수 없을 것이다.

인자함으로써 지키고 구하는 바가 없으므로 견고하다. 그러므로 하늘이 장차 사람을 구하고자 하면, 인자함이 아니고는 호위할 수 없을 것이다. 누가 호위하는가? 구하는 바가 없으므로 자신을 스스로 호위한다.

68장

자존심은 가장 어리석은 자의 친구이다

善爲士者不武 선위사자불무
무사 노릇을 잘하는 사람은 무력을 쓰지 않는 것이며,

善戰者不怒 선전자불노
전투를 잘하는 사람은 성내지 않는 것이고,

善勝敵者不與 선승적자불여
적을 잘 이기는 자는 적과 더불어 상대하지 않으며,

善用人者爲之下 선용인자위지하
사람을 잘 쓰는 자는 스스로를 낮추는 것이다.

是謂不爭之德 시위부쟁지덕
이것을 다투지 않는 덕이라 이르고,

是謂用人之力 시위용인지력
이것을 사람을 부리는 힘이라 이르며,

是謂配天古之極 시위배천고지극
이것을 하늘과 짝함이라 이르니, 예부터 지극한 원리이다.

제68장에서 노자는 사람을 잘 쓰는 자는 스스로 낮추어 상대와 다투지 않으니, 다투지 않는 덕은 사람을 부리는 힘이자, 하늘과 짝하는 것으로 도의 원리가 됨을 말한다.

무사 노릇을 잘하는 사람은 무력을 쓰지 않는 것이며, 전투를 잘하는 사람은 성내지 않는 것이고, 적을 잘 이기는 자는 적과 더불어 상대하지 않으며, 사람을 잘 쓰는 자는 스스로를 낮추는 것이다.

무사 노릇을 잘 하는 사람이 무력을 쓰지 않는 것은, 무력이란 힘이 부족한 사람이 쓰는 것이기 때문이다.

전투를 잘 하는 사람이 성내지 않는 것은, 상대의 욕심을 알고도 화부터 낸다면 이미 전투하기 전에 패배한 것이기 때문이다.

적을 잘 이기는 자가 적과 더불어 상대하지 않는다는 것은, 적이 원하는 바가 무엇인지 살필 줄 알기 때문이다.

사람을 잘 쓰는 자가 스스로를 낮춘다는 것은, 자신의 허물을 알아 늘 자신을 경계하기 때문이다. 세상에서 분노를 자주 일으키는 자는 반드시 패배한다. 왜냐하면, 사사로운 욕망과 어리석음으로 자신을 잃어버리기 때문이다. 다만, 억지로 낮추는 것은 오히려 스스로를 높이는 것이다. 그러므로 자신의 실체를 아는 것이 스스로를 낮추는 것이다.

이것을 다투지 않는 덕이라 이르고, 이것을 사람을 부리는 힘이라 이르며, 이것을 하늘과 짝함이라 이르니, 예부터 지극한 원리이다.

올바른 무사가 무력을 쓰지 않는 것은 사람을 상하게 하는 것이 목적이 아니기 때문이다. 스스로를 낮추니 인자라 한다. 인자仁者는 무적無敵이라 하므로, 적이 없는데 어떻게 다툴 수 있겠는가?

낮추니 아래에 있다는 것이다. 사람을 부리는 힘은 모든 사람의 위에 있는 것이 아니라 모든 사람의 아래에 있는 것이니, 어찌 쉬운 일이랴!

자존심은 가장 어리석은 자의 친구이다. 진실로 아는 자는 어리석지 않다. 이것이 사람을 부리는 힘이다. 이 힘은 곧 자신의 실체를 깨닫는 것이니, 어찌 하늘과 짝하지 않겠는가?

이것이 예부터 지극한 원리이다.

69장

적을 가볍게 보는 것보다 더 큰 재앙은 없다

用兵有言 용병유언

용병술에 이런 말이 있다.

吾不敢爲主而爲客 오불감위주이위객

내가 감히 주인이 되지 말고, 손님이 되며,

不敢進寸而退尺 불감진촌이퇴척

감히 한 치를 전진하지 말고 한 자를 물러서라.

是謂行無行 시위행무행

이것을 행함이 없이 행한다 하고,

攘無臂 양무비

팔이 없어도 밀치며,

扔無敵 잉무적

적이 없는데 부수고,

執無兵 집무병

병기 없이 병기를 잡는다고 한다.

禍莫大於輕敵 화막대어경적

재앙은 적을 가볍게 보는 것보다 더 큰 것은 없다.

輕敵幾喪吾寶 경적기상오보

적을 가볍게 보면 나의 보배를 거의 다 잃고 만다.

故抗兵相加 고항병상가

그러므로 병사가 서로 가세해 맞서 싸울 때에는,

哀者勝矣 애자승의

배려하는 쪽이 이긴다.

제69장에서 노자는 재앙은 적을 가볍게 보는 것보다 더 큰 것은 없고, 적을 가볍게 보면 나의 보배를 거의 다 잃을 것이며, 병사가 서로 맞서 싸우면 배려하는 쪽이 이긴다고 말한다.

용병술에 이런 말이 있다. 내가 감히 주인이 되지 말고, 손님이 되며, 감히 한 치를 전진하지 말고 한 자를 물러서라.

왜 주인이 아니고 손님이 되어야 되는가? 매사에 자기 자신을

보면서 상대를 공손하게 대하려 하기 때문이다. 주인은 듣기 좋은 소리만 들으려 하며 귀를 닫는다. 그러나 듣기 싫은 소리에 귀를 기울이는 사람은 손님이 되는 것이다. 이기고 지는 생각이 없이, 주인을 존중하는 마음이 곧 손님의 마음이다.

나아가지 말고 물러설 줄 아는 것은 안으로 자신을 해치지 않으며, 밖으로 남을 해치지 않으려 배려하는 마음이다.

이것을 행함이 없이 행한다 하고, 팔이 없어도 밀치며, 적이 없는데 부수고, 병기 없이 병기를 잡는다고 한다.

어떻게 하는 것이 행함이 없이 행한다고 하는가? 보고, 듣고, 말하는 모든 행위를 할 때, 마음을 밖으로 향하게 하되 상相에 집착하지 않는다면, 자연히 행함이 없이 행하는 것이다.

팔이 없어도 밀친다니, 밖으로 본 행위를 안으로 돌이키는 것이 밀치는 것이다. 적이 없는데 부순다니, 적을 만드는 것이 자신인 줄 보는 것이 적을 부수는 것이다. 병기 없이 병기를 잡는다니, 일으킨 마음을 보는 것이 병기를 잡는 것이다. 나를 알고 적을 안다면 무엇이 문제이겠는가?

> 재앙은 적을 가볍게 보는 것보다 더 큰 것은 없다. 적을 가볍게 보면 나의 보배를 거의 다 잃고 만다. 그러므로 병사가 서로 가세해 맞서 싸울 때에는, 배려하는 쪽이 이긴다.

나를 알고 상대를 알면, 잃어도 잃는 것이 아니다. 적을 가볍게 보는 순간 나를 송두리째 잃는다.

이것이 가장 큰 재앙이다. 세상에서 가장 무서운 적은 바로 나 자신이다.

자신이 일으킨 생각을 볼 줄 아는 것을 보배라 한다. 자신의 생각을 볼 줄 모른다면, 어찌 적을 가볍게 보지 않겠는가? 이 보배가 우리의 선근이며, 이 보배로부터 배려하는 마음이 나온다. 따라서 배려하는 쪽이 이긴다.

70장

성인은 베옷을 입지만 옥을 품는다

吾言甚易知 오언심이지
내 말은 매우 알기 쉽고

甚易行 심이행
매우 실행하기도 쉬운데,

天下莫能知 천하막능지
세상 사람들은 능히 알지도 못하고,

莫能行 막능행
능히 실행하는 자도 없다.

言有宗 언유종
말에는 종지가 있고

事有君 사유군
일에는 중심이 되는 것이 있으나,

夫唯無知 부유무지

도대체 오직 아는 것이 없으니,

是以不我知 시이불아지

이로써 자기 자신을 알지 못하는 것이다.

知我者希 지아자희

자기 자신을 아는 자가 드물다는 것은,

則我者貴 즉아자귀

곧 자기 자신을 아는 자가 존귀하다는 것이다.

是以聖人被褐懷玉 시이성인피갈회옥

이로써 성인은 베옷을 입지만 옥을 품는다.

제70장에서 노자는 도와 덕이 알기도 쉽고, 행하기도 쉬우나, 자기 자신을 아는 자가 드물어서 알지도 못하고 행하지도 못한다고 한다. 이로써 성인은 베옷을 입지만 옥을 품는다고 말한다.

내 말은 매우 알기 쉽고 매우 실행하기도 쉬운데, 세상 사람들은 능히 알지도 못하고, 능히 실행하는 자도 없다.

노자가 늘 일관되게 말한 것은 무위자연으로 인간의 천성이 도

라고 말한다. 이 천성은 누구나 가지고 있는 보배이다. 이로 인하여 덕의 작용 또한 무위자연의 이치로 알기 쉽게 말하고 있으나, 세상 사람들이 능히 알지 못하므로 실행하는 자가 없음을 말하고 있다.

세상 사람들은 자신이 일으킨 탐욕을 탐하고, 다른 사람들이 일으킨 탐욕도 탐한다. 늘 탐욕을 일으키는 그 마음에 머물러, 스스로 탐욕에 빠져있음을 알지 못한다. 그러므로 머무는 바 없이 내는 그 마음을 알지도 못하고 실행하지도 못하는 것이다.

말에는 종지가 있고 일에는 중심이 되는 것이 있으나, 도대체 오직 아는 것이 없으니, 이로써 자기 자신을 알지 못하는 것이다. 자기 자신을 아는 자가 드물다는 것은, 곧 자기 자신을 아는 자가 존귀하다는 것이다. 이로써 성인은 베옷을 입지만 옥을 품는다.

나는 누구인가?

인간은 밖을 향하여 끝없이 구하다가, 어느 날 자신이 누구인지를 스스로 묻는다. 그리고 묻는 놈이 스스로 놀란다. 들은 적도 없고 본 적도 없으니 무엇을 알 수 있겠는가?

제 마음이 허공과 같은 줄 알면 문득 말에 종지를 알고, 일에 중심이 되는 것을 안다. 자기 자신을 아는 자가 드무니, 자기 자신이 제일 존귀하다는 것도 모른다.

성인은 베옷을 입지만 옥을 품는다. 겉으로는 범부와 같으나 마음은 이미 허공을 품고 있다. 어찌 드문 일이 아니겠는가?

삶과 죽음 접어두고 오로지 제 성품으로 되돌리면, 문득 듣자마자 아는 이 물건, 동서고금을 상관하지 않고 고요하되 오롯하게 깨어있다는 생각도 없다. 생각이 없으니 흰 구름은 남산에 걸렸고, 흐르는 물 깊고 낮음 두려워하지 않는다.

자신의 지혜가 자신의 몸을 의지한다. 하늘 위에 가장 큰 사람이 허공이다. 무심한 성인은 인욕忍辱하여 자비로 화답한다.

이를 아는 자 누구인가? 이와 같이 옥을 품은 이다.

靜中滋味　고요한 가운데 재미가

最不尋常　가장 심상치 아니하다.

71장
알지 못하면서 안다고 하는 것이 병이다

知不知上 지부지상

알면서 알지 못한다고 하는 것이 최상이요,

不知知病 부지지병

알지 못하면서 안다고 하는 것이 병이다.

夫唯病病 부유병병

대저 오직 병을 병이라 하니,

是以不病 시이불병

이로써 병이 아닌 것이다.

聖人不病 성인불병

성인은 병이 없으니,

以其病病 이기병병

그 병으로써 병이라 하므로,

是以不病 시이불병

이로써 병이 없는 것이다.

제71장에서 노자는 알면서 알지 못한다고 하는 것이 최상이라 하고, 알지 못하면서 안다고 하는 것이 병이라고 말한다.

알면서 알지 못한다고 하는 것이 최상이요, 알지 못하면서 안다고 하는 것이 병이다. 대저 오직 병을 병이라 하니, 이로써 병이 아닌 것이다.

세인들이 안다고 하는 것은 무엇인가? 그저 기억하고 있는 지식을 안다고 한다. 성인은 세상의 알음알이에 관심이 없다.

인간 자체는 스스로 지혜를 일으킨다. 그러므로 자신이 곧 만물의 주재자라는 것이다. 세상 사람들은 아는 줄만 알지, 모르는 줄을 모른다. 더욱이 모르는 것이 아는 것인 줄 모르고, 아는 것이 모르는 것인 줄 모른다. 다만 아는 것이 모르는 것이다. 어찌 최상이 아니겠는가?

도리어 알지 못하면서 안다고 하는 것은 곧 병폐이다. 왜냐하면 시비와 분별과 주장을 마치 아는 것인 양 일삼기 때문이다. 병인 줄 모르니 병이고, 병인 줄 알면 병이 아닌 것이다.

성인은 병이 없으니, 그 병으로써 병이라 하므로, 이로써 병이 없는 것이다.

병이란 이름 지어 부를 때, 병인 것이다. 병이라고 말하니 병이 되고, 병이라고 말하는 것이 병이니, 성인은 이름이 곧 병인 줄 아는 것이다. 따라서 병 자체에는 병이 없는 것이다.

유무有無라 이르는 순간 스스로 유무에 떨어진다. 생사生死를 묻다가 도리어 생사의 늪에 빠질라.

72장
백성들이 머무는 곳은 어디인가

民不畏威 민불외위
백성이 권위를 두려워하지 않으면,

則大威至 즉대위지
곧 큰 권위에 이르게 되므로,

無狎其所居 무압기소거
백성이 머무는 곳을 업신여기지 않으며,

無厭其所生 무염기소생
그곳에서 살아가는 것을 싫어하지 않는다.

夫唯不厭 부유불염
오직 싫어하지 않게 하니,

是以不厭 시이불염
이로써 싫어함이 없다.

是以聖人自知不自見 시이성인자지부자현

이로써 성인은 스스로 알지만 스스로 드러내지 않으며,

自愛不自貴 자애부자귀

스스로 아끼지만 스스로 귀하게 여기지 않는다.

故去彼取此 고거피취차

그러므로 저것을 버리고, 이것을 취하는 것이다.

제72장에서 노자는 백성이 권위를 두려워하지 않으면 곧 큰 권위에 이르게 되며, 스스로 아끼지만 스스로 귀하게 여기지 않는다고 말한다.

백성이 권위를 두려워하지 않으면, 곧 큰 권위에 이르게 되므로, 백성이 머무는 곳을 업신여기지 않으며, 그곳에서 살아가는 것을 싫어하지 않는다. 오직 싫어하지 않게 하니, 이로써 싫어함이 없다.

권위란, 무력이나 법으로 백성을 다스리는 것이 아니다. 권위가 두려움 그 자체가 된다면, 권위는 사라지고 두려움만 남는다. 두려움이 없는 자비야말로 권위를 부리지 않으면서 권위에 이르

게 됨을 말한다.

그렇다면 백성이 머무는 곳은 어디인가? 이 백성은 곧 자심의 백성이며, 스스로 일으킨 탐·진·치 삼독으로 어리석음의 경계에 머문다. 그러므로 성인은 어리석은 백성으로 하여금 지혜를 얻게 한다. 이 까닭으로 백성 자신이 그곳에서 살아가는 것을 싫어하지 않는다.

그러나 백성이 머무는 곳을 업신여길 때, 백성 스스로도 그곳에 살아가는 것을 싫어하게 된다. 본래 싫어함이란 싫어함이 있을 때 일어난다. 싫어함이 없다면 어찌 싫어함이 있겠는가?

이로써 성인은 스스로 알지만 스스로 드러내지 않으며, 스스로 아끼지만 스스로 귀하게 여기지 않는다. 그러므로 저것을 버리고, 이것을 취하는 것이다.

그러므로 성인이 스스로 안다는 것은 무엇인가? 진리를 아는 자는 결코 스스로 드러내지 않는다. 아니 드러낼 수가 없다. 드러낸다면 모르는 것이다.

스스로 아끼지만 스스로 귀하게 여기지 않는 것은 자신에게 집착하지 않는 것이다. 마음내지 않으면서 마음내는 것이다. 그러므로 저것을 버리고 이것을 취하는 것이다.

    참으로 안다면 무엇을 더 보고 들을 것인가? 말한 것은 다 틀리고, 틀린 그것이 말을 만든다.

73장

하늘의 도는 돌이켜 보는 자의 몫이다

勇於敢則殺 용어감즉살
무모함에 용감한즉 죽고,

勇於不敢則活 용어불감즉활
무모하지 않음에 용감한즉 산다.

此兩者或利或害 차양자혹리혹해
이 양자는 혹은 이롭고 혹은 해롭다.

天之所惡 천지소오
하늘이 미워하는 바

孰知其故 숙지기고
누가 그 까닭을 알겠는가?

是以聖人猶難之 시이성인유난지
이로써 성인도 오히려 그것을 어려워한다.

天之道 천지도

하늘의 도는

不爭而善勝 부쟁이선승

다투지 않고도 잘 이기고,

不言而善應 불언이선응

말을 하지 않으면서도 잘 대답하며,

不召而自來 불소이자래

부르지 않아도 저절로 오고,

繟然而善謀 천연이선모

느긋하면서도 잘 도모한다.

天網恢恢 천망회회

하늘의 그물은 넓고 넓어서

疏而不失 소이부실

엉성한 것 같지만 놓치는 일이 없다.

제73장에서 노자는 하늘의 그물은 넓고 넓어서 엉성한 것 같지만 놓치는 일이 없다고 한다. 그러므로 성인도 하늘의 도를 어려워한다.

무모함에 용감한즉 죽고, 무모하지 않음에 용감한즉 산다. 이 양자는 혹은 이롭고 혹은 해롭다.

무모하게 용감하면 죽는다. 세상을 얕보는 오만함으로 스스로 무너짐을 의미한다.

무모하지 않음으로 용감하면 산다. 세상에서 가장 낮은 곳에 처하면서 다른 사람을 위하여 배려하고 스스로의 허물을 늘 자각한다면 죽지 않을 것이다.

그러므로 사람들이 양자를 어떻게 보느냐에 따라서, 이롭기도 하고 해롭기도 한 것이다. 이롭게 되는 것은 무모할 때도 오만함을 의식하여 겸손함으로 되돌리기 때문이다. 그리하여 죽음으로부터 다시 살아날 줄 안다고 한다.

또한 해롭게 되는 것은 사람들이 이 양자의 이치를 모르고 한쪽으로만 치우치기 때문이다. 그러나 사실 무엇이 이롭고 해로운지를 모른다는 것이다.

하늘이 미워하는 바 누가 그 까닭을 알겠는가? 이로써 성인도 오히려 그것을 어려워한다.

인간은 미운 마음과 좋아하는 마음이 왜 일어나는지를 모른다. 하물며, 알려고 하지도 않으면서 분노한다. 그러면서도 끝도 없이 고통을 호소한다. 이것이 스스로 하늘을 미워하는 것이다.

어찌 하늘이 미워하지 않겠는가? 그러므로 성인이 어려워하는 것은 자신의 어리석음이다. 사실 스스로 평지풍파 일으킨 허물을 면할 길 없지만, 일으킨 줄 아는 그 때 도리어 허물을 면한다. 하늘은 다름 아닌 자신을 컨트롤하는 자신의 성품이다. 이 일은 성인도 어려워하는 일이다.

하늘의 도는 다투지 않고도 잘 이기고, 말을 하지 않으면서도 잘 대답하며, 부르지 않아도 저절로 오고, 느긋하면서도 잘 도모한다. 하늘의 그물은 넓고 넓어서 엉성한 것 같지만 놓치는 일이 없다.

하늘의 도는 정사正邪에 걸림이 없어서, 보고 듣는 그대로이다. 성인은 하늘의 도를 닮아 항상 눈과 귀를 단속하니 다툼이 없다. 말을 하면서 말하지 않는 도리로 말 그 자체에 뜻을 두지 않아 주장하는 바가 없다.

하늘의 도는 스스로 자재하고 돌이켜 보는 능력이 있다. 그럼에도 주인도 객도 서로 알아보지 못하는 중에 서로서로 나와 네가 도모한다.

하늘의 그물은 엉성한 것 같지만 놓치는 법이 없어, 인간의 탐진치를 그냥 지나쳐 보는 법이 없다. 욕심내고 성내며 어리석음으로 하늘의 그물을 피하기 어렵다.

하늘의 성품이 곧 자신의 성품이다. 그러므로 "남은 속여도 자기 자신은 속이지 못하는 것과 같다."고 한다.

"안불자견 眼不自見, 눈은 스스로 보지 못하고, 이불자청 耳不自聽, 귀는 스스로 듣지 못한다."

사실 시작한 말 때문에 자신이 죽는다. 그러나 죽은 말 때문에 도리어 자신을 살려낸다.

74장

들은 이가 스스로 죽는다

民不畏死 민불외사

백성이 죽음을 겁내지 않으면,

奈何以死懼之 내하이사구지

어찌 죽음으로써 그들을 두렵게 하겠는가?

若使民常畏死而爲奇者 약사민상외사이위기자

만일 백성들로 하여금 늘 죽음을 두려워하게 하고, 기이한 행위를 하게 하는 자가 있으면,

吾得執而殺之 오득집이살지

나는 그를 붙잡아 죽일 것이다.

孰敢 숙감

누가 감히 그렇게 하겠는가?

常有司殺者殺 상유사살자살

늘 살인 집행자가 있어 사람을 죽이게 한다.

夫代司殺者殺 부대사살자살

무릇 살인 집행자를 대신해서 사람을 죽인다면,

是謂代大匠斲 시위대대장착

이것을 큰 목수를 대신해 나무를 깎는 것과 같다고 한다.

夫代大匠斲者 부대대장착자

만약 큰 목수를 대신해서 나무를 깎게 되면,

希有不傷其手矣 희유불상기수의

그의 손을 다치지 않는 경우가 극히 드물다.

제74장에서 노자는 백성이 죽음을 겁내지 않으면, 어찌 죽음으로써 그들을 두렵게 하겠는가라고 말한다. 백성들로 하여금 늘 죽음을 두려워하게 하고 기이한 행위를 하게 하는 자가 있으면, 나는 그를 붙잡아 죽일 것이다라고 말한다.

백성이 죽음을 겁내지 않으면, 어찌 죽음으로써 그들을 두렵게 하겠는가?

백성이 죽음을 두려워하지 않는데, 죽음으로 백성을 다스린다

는 것은 어리석은 일이다. 성인과 백성과 왕은 다른 사람이 아니다. 성인이 일으키는 생각들이 백성이고, 왕은 성인이 일으킨 생각들을 다스리는 자신의 성품이다. 성인은 이 모든 자신의 마음 작용을 보고 실행하는 사람이다. 그러므로 성인은 도를 알고 덕을 실행하므로 두렵게 하지 않는다.

> 만일 백성들로 하여금 늘 죽음을 두려워하게 하고, 기이한 행위를 하게 하는 자가 있으면, 나는 그를 붙잡아 죽일 것이다. 누가 감히 그렇게 하겠는가?

누가 보고, 누구를 잡아 죽이는가? 보는 자가 잡아 죽인다. 두려워하는 것이 곧 죽음이다. 스스로를 보는 자가 붙잡아 죽인다. 이 일을 누가 할 것인가?

집착은 죽음을 두려워하게 한다. 들을 때 집착하므로, 들은 이가 스스로 죽는다. 하늘에는 귀가 있고 주인이 있어, 묻는 이가 듣고 들은 이가 물으며, 스스로 죽는 것이다.

볼 수도 들을 수도 없었던 깜깜^{무명}한 본성이 허공에서 문득 태어나자마자 듣고 볼 줄 안다.

늘 살인 집행자가 있어 사람을 죽이게 한다. 무릇 살인 집행자를 대신해서 사람을 죽인다면, 이것을 큰 목수를 대신해 나무를 깎는 것과 같다고 한다. 만약 큰 목수를 대신해서 나무를 깎게 되면, 그의 손을 다치지 않는 경우가 극히 드물다.

허공은 늘 스스로를 본다. 허공은 무위이니, 보고 들을 때 마음을 어지럽히는 것을 저절로 죽인다. 그러므로 허공이 살인 집행자다.

살인 집행자를 대신하는 자여! 살인 집행자를 대신하는 자는 언제나 남의 잘못만 볼 뿐이니, 도리어 자신의 잘못을 보지 못한다. 결국은 스스로를 보지 못하는 자가 살인 집행을 대신할 때, 스스로를 다치게 한다.

스스로 보지 못하는 자가 누구를 죽이겠는가? 남의 허물만을 지적하는 자가 다치게 된다.

제 생각 쉴 길이 없으니 강江이다.

75장

탐욕할수록 삶에서 멀어진다

民之饑 민지기

백성들이 굶주리는 것은,

以其上食稅之多 이기상식세지다

윗사람이 세금을 너무 많이 받아먹기 때문에

是以饑 시이기

이로써 굶주리게 되는 것이다.

民之難治 민지난치

백성을 다스리기 어려운 것은,

以其上之有爲 이기상지유위

그 윗사람이 함이 있음으로써이다.

是以難治 시이난치

이로써 다스리기가 어려운 것이다.

民之輕死 민지경사

백성이 죽음을 가볍게 여기는 것은,

以其上求生之厚 이기상구생지후

윗사람이 삶을 구하는 데 가치를 많이 두기 때문에

是以輕死 시이경사

이로써 죽음을 가볍게 여기는 것이다.

夫唯無以生爲者 부유무이생위자

대저 오직 삶을 추구하지 않는 사람이

是賢於貴生 시현어귀생

삶을 귀하게 여기는 사람보다 더 현명하다.

제75장에서 노자는 백성이 죽음을 가벼이 여기는 것이 윗사람이 삶을 구하는 데 가치를 두기 때문이라고 말한다. 삶을 추구하지 않는 사람이 삶을 귀하게 여기는 사람보다 더 현명하다는 것이다.

백성들이 굶주리는 것은, 윗사람이 세금을 너무 많이 받아먹기 때문에 이로써 굶주리게 되는 것이다. 백성을 다스리기 어려운 것은, 그 윗사람이 함이 있음으로써이다. 이로써 다스리기가 어려운

것이다.

    정치하는 사람들이 자신의 명예나 실리를 추구하면 백성들이 굶주리는 것은 당연할 것이다.

    백성을 다스리기 위해 규제를 많이 만들면 만들수록, 도리어 백성들은 규제를 피하기 위해 더 많은 생각을 하게 되므로, 곧 그르치게 됨을 말한다. 즉, 천도天道의 자연을 따라야 함을 모르고, 인위적으로 다스리려고 하면 다스리기가 어렵다고 한다.

    백성이 죽음을 가볍게 여기는 것은, 윗사람이 삶을 구하는 데 가치를 많이 두기 때문에 이로써 죽음을 가볍게 여기는 것이다. 대저 오직 삶을 추구하지 않는 사람이 삶을 귀하게 여기는 사람보다 더 현명하다.

    윗사람이 삶에 집착한다는 것은 탐욕에 가치를 두고 있다는 것이다. 그러나 백성은 윗사람의 탐욕으로 극심한 빈곤 속에서 스스로 죽음을 가볍게 여기게 된다.

    그렇다면 무엇이 삶인가? 탐욕으로 가득 찬 것인가? 산다는 것에 대한 희망은 무엇인가?

삶을 귀하게 여기는 것이 곧 탐욕이다. 그러나 탐욕 아닌 것이 하나도 없으므로, 도리어 삶을 추구하지 않는다고 한다. 그러므로 삶을 귀하게 여기는 사람보다 삶을 추구하지 않는 사람이 더 현명하다고 한다.

76장

자신이 일으킨 생각을 돌이킬 줄 모른다

人之生也柔弱 인지생야유약

사람이 살아있을 때는 부드럽고 약하지만,

其死也堅强 기사야견강

죽으면 단단하고 강해진다.

萬物草木之生也柔脆 만물초목지생야유취

만물이나 초목이 살아 있을 때는 부드럽고 연하지만,

其死也枯槁 기사야고고

그것이 죽으면 말라 시들게 된다.

故堅强者死之徒 고견강자사지도

그러므로 단단하고 강한 것은 죽음의 무리고,

柔弱者生之徒 유약자생지도

부드럽고 약한 것은 삶의 무리이다.

是以兵强則不勝 시이병강즉불승

그래서 군대가 강하면 이기지 못하고,

木强則折 목강즉절

나무가 강하면 곧 부러진다.

强大處下 강대처하

강하고 큰 것은 아래에 거처하고,

柔弱處上 유약처상

부드럽고 약한 것은 위에 거처한다.

제76장에서 노자는 사람이 살아 있을 때는 부드럽고 약하지만 죽으면 단단하고 강해지고, 강하고 큰 것은 아래에 거처하며 부드럽고 약한 것은 위에 거처한다고 말한다.

사람이 살아 있을 때는 부드럽고 약하지만, 죽으면 단단하고 강해진다. 만물이나 초목이 살아 있을 때는 부드럽고 연하지만, 그것이 죽으면 말라 시들게 된다. 그러므로 단단하고 강한 것은 죽음의 무리고, 부드럽고 약한 것은 삶의 무리이다.

사람이 살아 있다는 것은 자기 자신을 잃어버리지 않는다는 것

이다. 이 말은 자신의 본성을 벗어나지 않아서, 외부의 경계색·성·향·미·촉·법에 의하여 마음이 움직이지 않는다는 것이다. 그러므로 주장과 편견이 약해지므로 부드러워진다.

만일 거꾸로 육근의 경계에 마음을 움직인다면, 곧 자신의 분별과 주장이 일어남으로 강해진다. 강해진다는 것은 즉 이미 죽은 것이다. 죽음의 무리는 자신의 주장하는 바가 너무 강하여 스스로 무너진다. 자신이 일으킨 생각을 돌이킬 줄 모른다.

따라서 자신이 일으킨 생각의 굴레를 벗어나지 못한다. 그러나 삶의 무리는 주장하는 바를 자각한다. 그러므로 자신이 일으킨 생각에 지배당하지 않는다. 이러한 까닭으로 부드럽고 약한 사람이 곧 삶의 무리가 되는 것이다.

그래서 군대가 강하면 이기지 못하고, 나무가 강하면 곧 부러진다. 강하고 큰 것은 아래에 거처하고, 부드럽고 약한 것은 위에 거처한다.

군대가 강하다는 것은 자만심이 높아 경직되고, 상대를 약하게 보아 이기지 못하게 된다. 필경 강함과 부드러움의 관계는 어리석음과 지혜의 관계와 같을 것이다.

사람은 어리석을수록 고집이 세다. 그리고 견해_생각_를 실재하는 세상으로 본다. 그리하여 보이는 상相만을 주장하면 모든 것을 잃고, 아래로 떨어지는 것이다.

그러나 스스로 그 상을 볼 줄 알고, 상에 걸림이 없으면 위에 거처하게 될 것이다. 이와 같이 부드럽고 약한 것은 위에 거처한다.

77장
성인은 세상에 머물되 집착하지 않는다

天之道 천지도
하늘의 도는

其猶張弓與 기유장궁여
마치 활을 메우는 것과 같지 않은가?

高者抑之 고자억지
높아지면 눌러주고,

下者擧之 하자거지
낮아지면 들어올려 준다.

有餘者損之 유여자손지
남으면 덜어주고

不足者補之 부족자보지
모자라면 보태준다.

天之道損有餘而補不足 천지도손유여이보부족

하늘의 도는 남는 데서 덜어내어 모자라는 데에 보태지만,

人之道則不然 인지도즉불연

사람의 도는 그렇지 않으니,

損不足以奉有餘 손부족이봉유여

부족한 데서 덜어내어 여유 있는 것에 바친다.

孰能有餘以奉天下 숙능유여이봉천하

누가 능히 여유가 있어 세상을 위해 봉사할 수 있겠는가?

唯有道者 유유도자

오로지 도 있는 자일 것이다.

是以聖人爲而不恃 시이성인위이불시

이로써 성인은 함이 있되 자랑하지 않고,

功成而不處 공성이불처

공을 이루어도 머물지 않으니,

其不欲見賢 기불욕현현

그 어진 것을 드러내고자 하지 않는다.

제77장에서 노자는 하늘의 도는 활을 메우는 것과 같아서, 남는 데서 덜어내어 모자라는 데에 보탠다고 한다. 사람의 도는 그렇지 않으니, 부족한 데서 덜어내어 여유 있는 곳에 바친다. 누가

능히 여유가 있어 세상을 위해 봉사하겠는가? 오로지 도 있는 자일 것이다.

하늘의 도는 마치 활을 메우는 것과 같지 않는가? 높아지면 눌러주고, 낮아지면 들어 올려 준다. 남으면 덜어주고 모자라면 보태 준다. 하늘의 도는 남는 데서 덜어내어 모자라는 데에 보태지만, 사람의 도는 그렇지 않으니, 부족한 데서 덜어내어 여유 있는 것에 바친다.

하늘의 도는 활을 메우는 기술을 아는 것이다. 활이 느슨하면 당겨주고, 팽팽하면 풀어주듯이. 배고프면 밥을 먹는 것처럼, 이러한 기술은 배워서 아는 것이 아니라 절로 아는 것이다. 인간의 본성도 절로 아는 것이어서 하늘의 도와 닮아있다.

본래 타고난 본성은 허공과 같아서, 시비是非가 없고, 유무有無가 없으며, 나와 너도 없다. 다만 마음의 작용을 조율할 뿐이다. 이와 같이 하늘의 도는 치우침이 없다.

인간의 본성도 이와 같아서, 탐욕의 생각이 일어나면 지혜로 멈추고, 분노가 일어나면 인욕으로 눌러주고, 두려움이 일어나면 믿음으로 들어올린다.

그런데 평지는 이미 고요한데 풍파는 어디에서 오는가?

누가 능히 여유가 있어 세상을 위해 봉사할 수 있겠는가? 오지 도 있는 자일 것이다. 이로써 성인은 함이 있되 자랑하지 않고 공을 이루어도 머물지 않으니, 그 어진 것을 드러내고자 하지 않는다.

온 세계가 먹지 못하여 굶주린 이들로 가득 찼다. 탐욕에는 여유가 없으니 오지 도 있는 자만이 여유가 있어 세상에 봉사한다.

성인은 삼계 욕계·색계·무색계에 머물되 집착하지 않는다. 보고 듣고 생각한 것이 모두 본래 실재하는 것이 아닌 줄 알기 때문이다.

설사 사람들이 공을 이루었다고 말해도 이루었다는 생각이 없으므로, 다만 세상일에 자유로워 드러낼 것이 없음이다.

78장
물의 이치를 알기는 쉬우나 물처럼 산다는 것은 어렵다

天下莫柔弱於水 천하막유약어수
천하에 물보다 유약한 것은 없다.

而攻堅强者 이공견강자
단단하고 강한 것을 공격하기에는

莫之能勝 막지능승
능히 이것을 이길만한 것이 없다.

以其無以易之 이기무이역지
어떤 것도 물과 바꿀 만한 것이 없다.

弱之勝强 약지승강
약한 것이 강한 것을 이기고

柔之勝剛 유지승강

부드러운 것이 굳센 것을 이긴다는 것을,

天下莫不知 천하막부지

천하에 알지 못하는 사람이 없으나,

莫能行 막능행

능히 행하는 사람이 없다.

是以聖人云 시이성인운

이로써 성인은

受國之垢 수국지구

나라의 치욕을 받아들이니,

是謂社稷主 시위사직주

이를 나라의 주인이라 이르고,

受國不祥 수국불상

나라의 상서롭지 못한 일을 받아들이니,

是謂天下王 시위천하왕

이를 천하의 왕이라 이른다.

正言若反 정언약반

올바른 말이 반대처럼 들린다.

제78장에서 노자는 가장 약한 것이 강한 것을 이기는 줄을 누구나 알지만, 능히 행하는 사람이 없으므로, 이를 행하는 사람을

천하의 왕이라고 말한다.

 천하에 물보다 유약한 것은 없다. 단단하고 강한 것을 공격하기에는 능히 이것을 이길만한 것이 없다. 어떤 것도 물과 바꿀만한 것이 없다. 약한 것이 강한 것을 이기고 부드러운 것이 굳센 것을 이긴다는 것을, 천하에 알지 못하는 사람이 없으나, 능히 행하는 사람이 없다.

 물은 모양도 없고, 향기도 소리도 없으니, 물은 편견이 없어 스며들지 못하는 곳이 없다. 따라서 능히 대적할 적이 없으므로 승패도 없다. 그러므로 만물의 위에 군림한다.
 인간이 물의 이치를 알기는 쉬우나, 물처럼 산다는 것은 어려운 일이다. 인자는 무적이지만, 인자의 행을 이루기는 어렵다.
 도 역시 물의 이치와 같아서, 어찌 행하기가 쉬울 것인가?

 이로써 성인은 나라의 치욕을 받아들이니, 이를 나라의 주인이라 이르고, 나라의 상서롭지 못한 일을 받아들이니, 이를 천하의 왕이라 이른다. 올바른 말이 반대처럼 들린다.

성인이 나라의 치욕을 어떻게 받아들이는가? 우리의 마음속에는 본래 치욕도 총애도 없다. 생각을 일으키자마자, 문득 치욕과 총애의 늪에 빠지는 이치를 성찰할 뿐이다. 따라서 본래 없는 자리로 돌아간다.

치욕과 상스럽지 못한 일을 받아들이는 것 자체가 천하에서 가장 어려운 일이다. 그러나 이 어려운 일이 없다면, 무엇으로 주인 노릇과 왕 노릇 할 것인가?

틀린 말 속에서 올바른 말이 나온다. 즉, 실패라는 말 속에서 성공이 나오는 것과 같다. 그러므로 올바른 말이 반대로 들리는 것은, 올바른 말 역시 틀린 말 속에서 나오기 때문이다.

79장

큰 원한은 지극한 어리석음에서 비롯된다

和大怨 화대원
깊은 원한은 화해하더라도

必有餘怨 필유여원
반드시 원한이 남아 있다.

安可以爲善 안가이위선
어찌 잘했다고 할 수 있겠는가?

是以聖人執左契 시이성인집좌계
이로써 성인은 좌계 어음 증서를 잡고서,

而不責於人 이불책어인
다른 사람에게 빚 독촉을 하지 않는다.

有德司契 유덕사계
덕이 있으면 좌계를 맡고,

無德司徹 무덕사철

덕이 없는 사람은 징수를 관장한다.

天道無親 천도무친

하늘의 도는 편애함이 없지만,

常與善人 상여선인

언제나 선한 사람과 함께 한다.

제79장에서 노자는 원한을 만들지 않는 것이 최선의 길이라고 한다. 또한 하늘의 도는 편애함이 없지만 언제나 선한 사람과 함께 한다고 말한다.

깊은 원한은 화해하더라도 반드시 원한이 남아 있다. 어찌 잘했다고 할 수 있겠는가? 이로써 성인은 좌계 어음 증서 를 잡고서, 다른 사람에게 빚 독촉을 하지 않는다.

깊은 원한은 화해를 해도 원한은 남아 있으니, 원래 원한을 생기게 하지 않아야 한다. 어떻게 하는 것이 원한을 생기지 않게 할 수 있을까? 모든 원한은 탐욕에서 생긴다. 스스로의 탐욕에서 벗어나지 못하니, 이 큰 원한을 지극한 어리석음으로 어찌 벗어날

수 있겠는가?

좌계는 채권자의 증서로, 이것으로 권리를 주장할 수 있다. 그러나 성인은 좌계만 가지고 있을 뿐, 빚 독촉으로 생기는 원한을 두려워한다. 성인은 물질의 소중함보다 그 마음의 변화를 더 소중하게 여기기 때문이다. 어리석지 않으려면 자신을 되돌아보지 않을 수 없다.

어찌 상대를 책망하여 도리어 원한을 받겠는가?

덕이 있으면 좌계를 맡고, 덕이 없는 사람은 징수를 관장한다. 하늘의 도는 편애함이 없지만, 언제나 선한 사람과 함께 한다.

덕이 있는 자는 어음 증서를 맡는다. 이는 직접 돈을 받지 않아도 되니, 그 자체로 덕이라는 것이다.

덕은 억지로 생기지 않는다. 덕이란 하늘의 도를 모르고는 생기지 않는다. 하늘의 도는 인간이 타고난 천성 天性이고, 탐욕을 이겨냄으로 참된 본성을 만나는 것을 선 善이라 한다.

따라서 편애함 없는 것이 선한 것이며, 언제나 선한 사람과 함께하는 것은 본성이 선함 자체이기 때문이다.

80장
욕심을 버리는 것보다 안락한 것은 없다

小國寡民 소국과민

나라는 작고 백성은 적으니,

使有什佰之器而不用 사유십백지기이불용

가령 열배 백배의 문명의 도구가 있어도 사용하지 않게 하며,

使民重死而不遠徙 사민중사이불원사

백성들이 생사를 소중히 여기게 하여 멀리 옮겨가는 일이 없게 하고,

雖有舟輿 수유주여

비록 배와 수레가 있어도

無所乘之 무소승지

탈 일이 없게 하고,

雖有甲兵 수유갑병

비록 갑옷과 무기가 있어도

無所陳之 무소진지

진을 칠 곳이 없게 한다.

使民復結繩而用之 사민부결승이용지

백성들로 하여금 다시 새끼를 꼬아 약속 삼아 쓰게 하고,

甘其食 감기식

그 음식을 달게 여기게 하며,

美其服 미기복

그 옷을 아름답게 여기도록 하고,

安其居 안기거

그 거처를 편안하게 여기도록 하고

樂其俗 락기속

그 풍속을 즐기도록 한다.

隣國相望 린국상망

이웃나라가 서로 바라보고

鷄犬之聲相聞 계견지성상문

닭 우는 소리 개 짖는 소리가 서로 들리지만,

民至老死不相往來 민지로사불상왕래

사람들이 늙어 죽을 때까지 서로 왕래하는 일이 없다.

제80장에서 노자는 나라를 작게 하고 백성은 적게 하여 문명의 이기를 사용하지 않게 해야 한다고 말한다. 그러므로 백성들로 하여금 다시 새끼를 꼬아 약속 삼아 쓰게 하고, 그 풍속을 즐기도록 하나, 사람들이 늙어 죽을 때까지 서로 왕래하는 일이 없다.

나라는 작고 백성은 적으니, 가령 열배 백배의 문명의 도구가 있어도 사용하지 않게 하며, 백성들이 생사를 소중히 여기게 하여 멀리 옮겨가는 일이 없게 하고, 비록 배와 수레가 있어도 탈 일이 없게 하고, 비록 갑옷과 무기가 있어도 진을 칠 곳이 없게 한다.

나라를 작게 한다는 것은 자기 자신을 크게 생각하지 않는 것이다. 그로 인하여 백성이 적다는 것은 번뇌가 적다는 것이다.

그러므로 감각기관을 작은 나라에 비유하여 욕심을 내지 않게 하고, 각각의 국가안·이·비·설·신·의를 잘 다스리는 것이 복잡한 법을 필요로 하지 않으면서 자연에 의지해 살아간다는 것이다. 이 까닭으로 오히려 많은 재능이 필요하지 않는 것이다.

백성들이 생사를 중히 여기는 삶을 산다면, 나라 밖을 떠돌며 탐욕을 추구하는 삶에서 벗어나게 될 것이다. 생사는 탐욕으로 곧 자기 자신을 잃어버리는 일이다. 어찌 생사를 중히 여기지 않을 수 있겠는가? 따라서 생사를 중하게 여기는 것은 본래의 자기 자신을 찾는 일이기 때문에 탐욕을 향하여 옮겨가는 일이 없을 것이다.

국가가 감각기관이고, 백성은 번뇌이므로, 배와 수레는 생각이다. 생각이 움직이나 생각에 휘둘리지 않으니 탈 일이 없고, 마음이 탐욕을 향하여 움직이지 않으니, 배와 수레가 다 무용지물인 것이다.

갑옷과 무기는 용기와 지식이다. 전쟁을 하지 않으면 갑옷과 무기가 필요 없듯이, 세상에 경쟁이 없으니 용기와 지식은 어디에 쓸 것인가?

백성들로 하여금 다시 새끼를 꼬아 약속 삼아 쓰게 하고, 그 음식을 달게 여기게 하며, 그 옷을 아름답게 여기도록 하고, 그 거처를 편안하게 여기도록 하고 그 풍속을 즐기도록 한다.

문자가 넘쳐나는 세상은 복잡하고 혼란스럽듯이, 다시 새끼를 꼬아 문자로 쓰게 한다면 삶은 단순하고 소박할 것이다. 즉, 세속에 살면서 세속을 초월한 것이다.

음식을 달게 여기게 하므로, 입에 음식을 맞추지 않고 음식 자체에 만족한다. 옷을 아름답게 생각하는 것은 자신의 몸을 보호하는 옷 자체에 만족한다. 어찌 더 이상 감사할 일이 아니겠는가?

거처를 편안히 여기게 하는 것은 의식주의 욕심을 버리게 하는 것이다. 욕심을 버리는 것보다 더 안락한 거처가 없기 때문이다. 이러한 풍속을 어찌 즐기지 않겠는가?

이웃나라가 서로 바라보고 닭 우는 소리 개 짖는 소리가 서로 들리지만, 사람들이 늙어 죽을 때까지 서로 왕래하는 일이 없다.

이웃나라가 서로 바라본다는 것은, 곧 상대를 보면서 나를 보는 것이다. 닭 우는 소리 개 짖는 소리가 서로 들릴 정도로 가깝게 있지만, 서로를 욕망하지 않으므로 사람들은 늙어 죽을 때까지 왕래하지 않는다.

서로에 대해 욕심을 내지 않으므로 무위자연이다. 작은 나라에 사는 백성들은 머무는 바 없이 그 마음을 내기 때문이다. 빛이 일체 만물을 비추기만 할 뿐, 내부에 간직한 상相이 흔적을 남기지 않는 것과 같다.

늙어 죽을 때까지 눈과 귀가 서로 왕래하는 일이 없다는 것은 육근의 바깥 경계에 휘둘리는 일이 없다는 것이다.

81장

다만 모르는 줄 안다

信言不美 신언불미

믿음직스러운 말은 아름답지 못하고,

美言不信 미언불신

아름다운 말은 믿음직스럽지 못하다.

善者不辯 선자불변

선한 사람은 말을 잘하지 못하고,

辯者不善 변자불선

말 잘하는 사람은 선하지 않다.

知者不博 지자불박

아는 사람은 박식하지 못하고,

博者不知 박자부지

박식한 사람은 알지 못한다.

聖人不積 성인부적

성인은 쌓아두지 않고,

既以爲人 기이위인

이미 타인을 위함으로써,

己愈有 기유유

자기 것이 더욱 있게 되고,

既以與人 기이여인

이미 다른 사람에게 주었는데도,

己愈多 기유다

자신은 더욱 많아지게 된다.

天之道 천지도

하늘의 도는

利而不害 리이불해

이로우나 해롭지 않으며,

聖人之道 성인지도

성인의 도는

爲而不爭 위이부쟁

하는 일이 있더라도 다투지 않는다.

제81장에서 노자는 하늘의 도는 이로우나 해롭지 않음을 밝힌

다. 성인의 도는 하는 일이 있더라도 다투지 않는다고 말한다.

　믿음직스러운 말은 아름답지 못하고, 아름다운 말은 믿음직스럽지 못하다. 선한 사람은 말을 잘하지 못하고, 말 잘하는 사람은 선하지 않다.

　믿음을 주는 말은 아름답지 못하다. 그 말을 아름답게 하는 것은, 외면 꾸미기를 지극히 하므로 믿음직스럽지 못하기 때문이다.

　교언영색 巧言令色에는 인자 仁者가 드물듯이, 선한 사람은 말에 꾸밈이 없으므로 말을 잘하지 못한다. 그러므로 말을 잘하는 사람은 선하지 않다고 하는 것이다.

　말을 잘하려 할 때, 인욕 人欲이 함부로 쓰여서 본심의 덕을 잃어버린다. 말을 잘하는 자는 안으로 어두워서 스스로 살피지 못하므로 선함을 잃게 된다.

　아는 사람은 박식하지 못하고, 박식한 사람은 알지 못한다.

아는 사람은, 안다는 것이 모르는 것이므로, 다만 모르는 줄을 알 뿐이다. 그러므로 무위자연의 도를 알 뿐이다. 널리 배우고 많이 아는 것을 박식하다고 하지만, 박식한 사람은 사물의 이치를 터득하지 못한다고 한다.

배운 것만 알고, 기억된 것만 아는 것을 박식하다고 할 것인가? 무위자연의 도를 모르고서, 어찌 박식하다고 할 수 있겠는가?

성인은 쌓아두지 않고, 이미 타인을 위함으로써, 자기 것이 더욱 있게 되고, 이미 다른 사람에게 주었는데도, 자신은 더욱 많아지게 된다.

성인은 어떤 것도 쌓아두지 않는다. 욕망도, 집착도, 지식도 쌓아 두지 않는다. 무위자연을 실천하기 때문이다.

이 자체가 타인을 위하는 것이다. 무위자연의 순수함이 자신의 욕망 등을 돌이켜 보게 하기 때문이다. 이것을 덕이라 한다. 그러므로 자신의 덕을 다른 사람에게 주고도 풍요로워지는 것은 너와 나를 분별하지 않아 자신이 더욱 많아지게 되는 까닭이다.

하늘의 도는 이로우나 해롭지 않으며, 성인의 도는 하는 일이

있더라도 다투지 않는다.

하늘의 도는 인위적으로 선택하거나 주장하는 일이 없으므로 이로우나 해롭지는 않다. 또한 우주는 무엇을 바라지도 원망하지도 않으며, 스스로 바라는 것이 없기 때문에 이로우나 해롭지 않다.

성인은 이미 하늘의 도를 터득하여 실천하는 사람이다. 그렇다면 성인은 무엇을 실천하는 것일까? 하는 일이 있더라도 선택하기 위하여 다투지 않고, 주장하기 위하여 다투지 않는다. 너와 나를 분별하지도 않는다. 이것이 자연의 순리에 역행하지 않는 것이다.

다만 스스로를 보지 못하는 것이 죄업을 짓는 것이다. 그러므로 스스로를 보는 것이 실천의 첫걸음일 것이다.

금강경에 이르기를

凡所有相 범소유상
皆是虛妄 개시허망
若見諸相非相 약견제상비상
卽見如來 즉견여래

무릇 있는 바 모든 상相은
다 허망하니
만약 모든 상이 상 아닌 줄을 보게 되면
곧 여래를 본다.

여기서 한 글자를 찾을 수 있다면
노자의 도를 친히 체득하게 될 것이다.

묘봉 운륵(妙峯 雲勒) 선사 행장기

본은 평산 平山이요, 속명이 신동욱 申東旭으로 임오 壬午: 1942 생이다. 1965년 동국대학교 불교대학 철학과를 졸업했다. 1977년 수덕사에서 만공 스님 제자인 덕산 悳山 스님을 은사로 출가했다. 해인사에서 토굴 수행한 뒤 미국 미국 남가주·텍사스으로 건너가 Alabama, Huntsville Zen Ctr. 선원장, 1982~1992년까지 Western Zen Academy 선원장을 맡아 포교를 펼쳤다. 1984년 덕숭총림 초대 방장 혜암 慧庵 스님으로부터 수법 受法 하였다. 마곡사 매화당 국제선원 원장, 현문선원 초대 원장, 계룡산 벽수선원 Azure Headwaters Zen Center 선원장으로 외국 스님과 신도들을 제접했다. 대전 국은사와 서울 화계사에 주석하며 외국 스님과 신도들을 대상으로 선 禪을 설파해 호응을 받았으며, 공주 갑사에 주석하며 후학을 지도하셨다. 2022년 입적하셨다. 세수 世壽 81세, 법랍 法臘 45년이다.

저서에는 《철학의 파멸》1972, 《혜암 법어-조사선에로의 길》1987, 《육조 법보단경》1990, 《눈 없는 돌사람이 글자 없는 책을 읽는다》 2004, 《천수경》 2008, 《Cookies of Zen》 2008, 《바다 밑의 진흙소 달을 물고 뛰네》 2011, 《무엇이 그대의 본래 얼굴인가》 2012, 《선문촬요》 2012, 《존재를 삼켜 허공을 뱉아라》 2012, 《금강경묘해》 2016 등이 있다.

이 법은 달마達磨 스님과 육조 혜능惠能 스님을 원천으로 한다. 부처님의 혜명으로 불법을 다시 일으켜 세운 경허鏡虛, 1849~1912 스님은 세존世尊 이후 75대요, 임제臨濟 이후 37세이며, 우리나라의 선맥禪脈으로 하면 고려 말 나옹懶翁, 1380~1436 스님 이후 조선의 청허淸虛, 1520~1604로부터 12세 손이다. 경허 스님의 문하에 만공滿空, 1871~1946 스님으로 이어진 선맥은 명예도 공명도 아랑곳하지 않고 공부에만 매진하신 혜암惠菴, 1885~1985 스님에 이르렀다. 일체 공부 밖의 일에는 상관치 않고 선지식들의 회상에 나아가 탁마하고 보림하는 일에만 전념하심은 그대로 묘봉妙峯, 1942~2022 스님께 이어졌다. 그 가풍을 다음과 같은 말씀으로 이어받으셨다.

> 스승 없는 공부는 죽음과 같으며
> 탁마琢磨 없는 공부는 발광發狂해 미친 짓이며
> 공功 들이지 않는 공부는 병든 일이라.

육조 스님께서도 여러 차례 일깨워 주신 것처럼

성품 보는 것이 공이요
평등이 곧 덕德이기 때문이다.

또 말씀하시기를

능히 공들여 불조의 법문 탁마하는 그것이
바로 여래如來의 깨닫는 그 성품이니
만일 나무를 비벼 불을 일으킬 수 있다면
진흙 속에 결정코 붉은 연꽃 피리로다.

참된 스승 아래 탁마를 거듭하고 공들여 내실을 다지는 것은 이러한 가풍을 따르는 일일 뿐만 아니라, 인간의 몸을 받은 이상 마땅한 일이다. 이러한 뜻을 기리기 위해 스님의 가르침을 받은 도반들이 모여서 묘덕회妙德會를 발족하였다.

보는 것이 곧 성품[見性]임을 믿으니, 정법안장正法眼藏은 공들이는 이가 자증自證하는 것이다. 그러나 한 마디 한 생각도 용납하지 않으니 조촐하고淸淨 묘妙하다고 할 수밖에 없다. 다만 이 믿음을 실천하는 것이 덕德이니, 탁마하고 공들일 때 부처님의 가르침佛法을 따르는 것임은 명백하다.

신실한 도반들이 함께 모여 탁마하고 공들여 스스로의 마음을 읽고 써내려 간 것이 〈선으로 읽는 도덕경〉이다. 이 책은 묘덕회 모임으로 모인 도반들이 힘을 합쳐 처음으로 내는 글이다. 스승님의 말없는 가르침에 도리어 분칠을 한 격이라 죄스런 마음 금할 길이 없지만, 번뇌와 진리가 둘이 아님眞俗不二을 믿으니 탁마하고 공들이는 덕임을 간절히 바랄 뿐이다.

조촐한 마음으로 스님의 영전에 바칩니다.

✧ 엮은이 소개 및 이력 ✧

무애(김영숙)

   동국대학교 석사
   부산대학교 박사 수료
   묘봉 큰스님 제자
   역서: 『인도인의 논리』(공역, 산지니, 2009)

박종식

   부산대학교 철학과 박사
   저서: 『인식론』(부산대 출판문화원, 2021)
   역서: 『칸트 해석 - 이원론의 문제』(공역, 부산대 출판문화원, 2010), 『대화 윤리를 향하여 - 칸트와 하버마스의 윤리학 비판』(공역, 한울아카데미, 2009), 『상호문화 철학의 논리와 실천』(공역, 시와진실, 2010)

안호영

   부산대학교 물리학 박사
   부산대학교 철학 박사
   동국대학교 WISE캠퍼스 교수
   저서: 『사회생물학, 인간의 본성을 말하다』(공저, 산지니, 2008), 『마음학 - 과학적 설명 + 철학적 성찰』(공저, 백산서당, 2010), 『글쓰기 2』(공저, 동국대출판부, 2012)
   역서: 『칸트 해석 - 이원론의 문제』(공역, 부산대 출판문화원, 2010), 『인도인의 논리』(공역, 산지니, 2009)

선禪으로 읽는 도덕경道德經

초판 1쇄 2025년 1월 13일 발행
초판 2쇄 2025년 12월 19일 발행

엮은이   무애 · 박종식 · 안호영
펴낸이   박기련
펴낸곳   동국대학교 출판문화원

출판등록 제2020-000110호(2020.7.9.)
주소   04626 서울시 중구 퇴계로36길2 신관1층 105호
전화   02-2264-4714
팩스   02-2268-7851
Homepage http://dgpress.dongguk.edu
E-mail abook@jeongjincorp.com

인쇄   코리아프린텍

ISBN   979-11-91670-66-0 (03190)

값 25,000원

이 책의 무단 전재나 복제 행위는 저작권법 제98조에 따라 처벌받게 됩니다.